Anne Zielke

Niemand, null und Nasenbär

Anne Zielke

Niemand, null und Nasenbär

Die besten Wortporträts vom Sonntag

Mit einem Vorwort von Volker Weidermann,
FRANKFURTER ALLGEMEINE SONNTAGSZEITUNG

Gustav Lübbe Verlag

Inhalt

Vorwort

Ich weiß ja nicht, ob das stimmt, aber ich stelle mir das so vor, dass neben Anne Zielkes Schreibtisch ein kleiner Stuhl steht. Sehr klein, meist leer, aber immer bereit. Das ist der Stuhl, auf dem die Wörter Modell sitzen müssen, wenn sie bei Anne zum Porträt vorbeischauen. Es ist natürlich nicht ganz leicht, einen Termin zu bekommen, und die meisten Anfragen von ehrgeizigen Gernegroß-Wörtern werden von ihr ohne Angabe von Gründen abgelehnt. Nein, es reicht nicht, einfach nur ein Wörtchen zu sein mit schönem Klang und erheblicher Bedeutung. Du brauchst schon eine Vergangenheit, eine abenteuerliche am besten, eine, aus der sich etwas lernen lässt, die etwas über die Welt erzählt oder über das Leben. Ein normaler Mensch, der sieht das diesen Wörtern auf den ersten Blick nicht an. Aber Anne Zielke sieht es gleich. Herein, herein, du graue Maus, hier ist mein Stuhl für dich. Am besten ist es, du wirkst erst mal unscheinbar, drängst dich nicht auf, bist aber überall dabei. Trägst Hauptsatzlast auf Hauptsatzlast; kommst dabei natürlich gut herum in fernen Ländern, fernen Sätzen, aber keiner auf der Welt beachtet dich. Du bist halt dabei, scheinbar seit immer schon. Wie »bin« zum Beispiel. Wie jetzt – »bin«? *Dust bin? Bin Laden? Bin I narrisch?* Oder »unser Freund Bin«, wie Max Frisch ihn nannte? Und schon sind wir mittendrin, in einer dieser unglaublichen Geschichten, die uns Anne Zielke über Wörter erzählt.

Eigentlich ist sie ja in die Welt hinausgefahren, Anne Zielke. Als ich sie kennenlernte, auf einem Schiff in Berlin, da erzählte sie mir die ganze Schifffahrt lang von einer monatelangen Expedition durch Südamerika, auf der sie der Revolutions-Reiseroute Che Guevaras nachgereist war. Seitdem sahen wir uns oft; und wann immer eine Briefbombe in einem ostdeutschen Postamt gefunden worden war oder eine Frau in Russland aus sechstausend Metern Höhe aus einem Flugzeug fiel und überlebte, war Anne Zielke zur Stelle, fuhr hin, ließ sich erzählen und berichtete in der Zeitung darüber. Sie schrieb einfach alles, was man darüber wissen wollte und sich sicher selbst nie zu fragen getraut hätte. Anne erfuhr immer alles und schrieb das auf in einer Klarheit und Rasanz und Würde, wie das nur sehr wenige können.

Ich muss gestehen, dass ich dann ihre Idee, ab sofort nur noch Wörter zu porträtieren, am Anfang eher so mittelgut fand. Waren nicht die Welt-Porträts vom Leben da draußen doch interessanter als – Wörter?

Aber Anne war sicher. Wörter sind die Welt. Über Wörter lässt sich alles sagen, alles herausfinden. Mordgeschichten, Revolutionsgeschichten, Briefbomben – alles. Und sie fing an zu porträtieren, und ich war begeistert. Wie Anne Zielke da durch die Wortgeschichten fegt, uns hier die Bedeutung von »Onomatopoetika« erläutert, über das widerspenstige Potential des Wortes »Wurst« aufklärt und über die weltweite Urschrei-Funktion des Wortes »Mama«, über das Querulantentum der »Fisimatenten«, die gute Kleidung des Wortes »Niemand«, das sind immer wieder kleine Reisen durch einen Urwald aus Abenteuern und Bedeutungen, Reisen vorbei an scheinbar Selbstverständlichem, an scheingrauen Alltäglichkeiten, die im Porträt dann plötzlich leuchten.

Man sieht die Wörter danach mit anderen – mit Anne Zielkes Augen. Und ich wundere mich also nicht, dass der kleine Porträt-Stuhl neben ihrem Schreibtisch in der Welt der Wörter so beliebt ist und ständig nachwachsende Lehnwörter hereindrängen in ihr Büro. Wäre ich ein Wort, ich würde alles dafür geben, in die Ahnengalerie dieser Worte aufgenommen zu werden.

Volker Weidermann

1. ach

Was war wohl das erste Wort eines Menschen? Jene magische Lautfolge, mit der er die anderen aus der Horde verblüffte, alsdann den Knüppel aus der Hand legte und sich erst einmal von der Anstrengung erholte, von nun an Krone der Schöpfung zu sein? Einiges spricht dafür, dass er womöglich »ach« seufzte, aber historisch ist das nicht verbürgt; es könnte auch »á« gewesen sein, wie es auf den Färöern heißt, oder »ah ah!« (αι αι) wie im Griechischen, oder etwas ganz anderes, zum Beispiel »huch«. All diese Wörtchen – Wörter mag man sie ja fast nicht nennen – zählen zu den Interjektionen oder Empfindungswörtern, und von diesen wiederum behaupten Sprachhistoriker, dass sie die Urwörter der Menschheit gewesen seien. In gewissem Sinne sind sie immer noch am Ursprung jeder Biografie: Besonders Kleinkinder gebrauchen sie. Ansonsten lieben es vor allem Dichter, selbstvergessen mit ihnen zu spielen.

ACH! ist ein Ausruf des Schmerzes, zuweilen aber auch der Freude oder Ausdruck gemischter Empfindungen, wie er sich etwa in der sorgenvollen Intonation des Namens »Ahmadinedschad« zeigt: »*ACH!*madinedschad« klagt ein jeder, als ob das den Burschen aufhalten könnte. Im Gespräch setzt meistens der Hörer das Ach ein, um mit Ausdrücken wie »Ach so« oder »Ach nee« den Sprecher zu steuern. Kein

Wunder, dass es im Land der Dichter und Lenker, des Jammerns und Klagens ausgerechnet das Ach zu so großer Beliebtheit gebracht hat. Im Laufe der Zeit hat sich das Wörtchen jedoch von einem genau zuordenbaren Inhalt emanzipiert. Ein Baum ist ein Baum und ein Haus ein Haus, aber man kann nicht behaupten, dass ein Ach ein Ach wäre. Zum Wesen des Ach gehört es, dass es einem keine inhaltliche Information übermittelt (Baum, Haus), sondern dass die Art der Mitteilung über die Information bestimmt. Es ist etwas anderes, ob man es seufzt oder säuselt, erstaunt ausruft oder mit verzogenen Mundwinkeln herauspresst. Es kommt ganz darauf an, wer das Ach in welcher Situation sagt, und beim wohl berühmtesten Ach der Literatur, dem faustischen »Habe nun, ach! Philosophie, Juristerei und Medizin, und leider auch Theologie durchaus studiert«-Ach, ist der Stoßseufzer ganz offenkundig. Geschmeidig passt sich das Wörtchen der jeweiligen Stimmungslage an und transportiert zuverlässig die jeweilige Laune; das Ach ist ein sprachlicher Joker, es ist das Schweizer Messer unter den Wörtern, niemals unpassend, aber auch nicht wirklich nötig. Wahrscheinlich wird es auch deshalb von Leuten, die Deutsch lernen, so innig geliebt. Es gibt »ach so, ach so« stöhnende Inder genau wie »ach so, ach so« röchelnde Spanier. Weil das Ach im Hals so schön Krach im Rachen macht.

2. ängstlich

»Ängstlich« ist bei der Rechtschreibreform zum Glück noch einmal ungeschoren davongekommen. Es sprächen aber gute Gründe dafür, statt »ängstlich« »engstlich« zu schreiben – eine Schreibweise, die man im Moment eher zufällig findet. Dabei sind hier die wahren Vorreiter einer modernen Orthografie am Werk, die spüren, dass Angst mit Enge zu tun hat; eine Tatsache, die sich etymologisch nachweisen lässt.

»Ängstlich« stammt natürlich von »Angst« ab, und »Angst« gehört zu jenen Wörtern, bei denen die Grenzen zwischen Begrifflichem und Realem verschwimmen. Das Wort ist vollgesogen mit Realität, denn der körperliche Zustand der Angst hat das Wort selbst geformt. Wie auch immer die komplizierten Wechselwirkungen zwischen Körper und Seele sein mögen – »Angst« reflektiert sie. Der Begriff ist vor tausenddreihundert Jahren aus einer indogermanischen Wurzel hervorgegangen; zugleich ist auch eine Verwandtschaft mit gleich zwei lateinischen Wörtern nachgewiesen: mit »angustia«, was »Enge« heißt, und »angor«, dem Würgen. Beides kommt zusammen, wenn einem die Angst so die Kehle einschnürt, dass man würgen muss. Wer in der Enge der Angst gefangen ist, kann nicht einmal die Luft zum Atmen bewegen; er ist in sich selbst eingesperrt und unfähig zu handeln.

Kaum einer hat das besser formuliert als ein Vergessener, der am Ende selbst vor seiner Lebensangst kapituliert hat. Hermann Harry Schmitz war ein Satiriker des Fin de Siècle, der als deutscher Oscar Wilde galt. Der Düsseldorfer Fabrikantensohn war ein Dandy und schrieb Grotesken für den Simplicissimus, und einmal schrieb er in einem äußerst beklemmenden Gedicht, das er *Die Angst* nannte, über die Enge, die lähmt, die zum Stillstand wird:

Es krallt sich um die Sonne eine Hand.
Ein lauer Wind jagt dürre Blätter raschelnd auf.
Ein toter Vogel stürzt aus Wolkenhöh
zerschmettert an die Erde.
In dumpfer Hütte Mensch an Mensch gedrängt,
voll Grauen starrend in den schwefelgelben Tag.
Die Tür fliegt auf, von unsichtbarer Hand berührt.
Der Hund kriecht winselnd in die Ecke.
Und langsamer wird jetzt der Wanduhr Ticken,
noch einmal tick und tack –
dann steht die Uhr. –
Ein grelles Lachen in den Lüften!
Es horchen starr die Menschen in die Leere.

Wenn man das gelesen hat, will man sich hinlegen und heulen. Vielleicht vorher noch kurz die Vorhänge zuziehen, damit auch ja keine Sonne hereinkommt. Die Uhr steht still; man ist gefangen in seinem kleinen, knöchernen Kasten. Hermann Harry war dreiunddreißig Jahre alt, als er sich das Leben nahm.

3. all

Zu den Accessoires, die fast jedem Wort gut stehen, gehört das Adjektiv »all«. Sobald man es ausgesprochen hat, scheint es sich zu verflüchtigen; es gehört nicht zu den schweren, klebrigen Wörtern, sondern ist heiter und ätherisch: ein hellblaues Wort. Es ist eine Art Must-have unter den Wörtern. Nicht, dass es nicht auch allein stehen könnte (obwohl es sich in »allein« bereits wieder hineingemogelt hat); es ist aber vor allem vielseitig einsetzbar. »All« bezeichnet die größte annehmbare Steigerung, weshalb das Wort selbst zu den wenigen Adjektiven gehört, die selbst nicht mehr gesteigert werden können. Wer ausruft: »All diese Annehmlichkeiten!« oder: »Mit all den Wurzeln ausgerissen!«, der hat bereits alles gesagt. Eine Steigerung wäre so glaubwürdig wie eine Wahlbeteiligung von hundertzwei Prozent. Dieses »all« kann auch nicht gebeugt werden. Seine Form ist starr, perfekt und ewigkeitsgerichtet wie der Inhalt. Denn »all« als Wortbestandteil macht aus »wissend« »allwissend«, aus »mächtig« »allmächtig«, was, wie man aus der Bibel weiß, durchaus kein kleiner Unterschied ist, und da man aber vom Kleinen immer auch aufs Große schließen kann, versammelt sich die Menge aller denkbaren »alls« im Über-all: im All.

Nur großgeschrieben hat sich »All« emanzipiert und ein

Eigenleben entfaltet. Analog zum bezeichneten Gegenstand ist es auch auf einen Urknall zurückzuführen, ausgelöst von seinem Schöpfer Philipp von Zesen. Der suchte einst nach einem Begriff, der das bis dahin übliche »Universum« ersetzen sollte. Von Zesens Vorschlag war »Weltall«, ein Wort, wie man es sich dichter nicht vorstellen kann. Einen Plural gibt es übrigens nicht. Es besteht wie »Liebe« und »Kälte« auf seiner Einmaligkeit – all diese Wörter sind Einzelgänger im All der Sprache.

4. aufheben

Auch während seiner Berliner Zeit soll Hegel seinen schwerfälligen, vom schwäbischen Dialekt gefärbten Vortragsstil bewahrt haben. Eines der Wörter, die er immer wieder benutzte, war »aufhebâ«. Im Hochdeutschen heißt das »aufheben«. In Wahrheit aber geht es um nichts weniger als das Kernwort seines Denkens, um einen der »wichtigsten Begriffe der Philosophie«, ja, mehr noch: Beim Hegel'schen »aufhebâ« handelt es sich um die Schnittstelle von Dialekt und Dialektik.

Bis dahin war es ein langer Weg. Dass manche Wörter unbedingt entdeckt und berühmt werden wollen, ist bekannt. Was bei Models noch vergleichsweise einfach geht – ab auf die Düsseldorfer Königsallee, in eine Shopping Mall oder wo auch immer man einen Modelscout vermutet –, ist bei Wörtern schwieriger. Es gibt zwar die sogenannten Schlagwörter, die mal für eine Saison aufleuchten, wie das einst allgegenwärtige »Luder«, was übrigens in der Jägersprache »modriger Fleischköder« bedeutet, aber meistens müssen sich die Wörter etwas einfallen lassen. Die Taktik von »aufheben« ist dafür beispielhaft. Sie ähnelt der Vorgehensweise von jemandem, der unter drei verschiedenen Adressen an einem Preisausschreiben teilnimmt, in der Hoffnung, unter einem Namen werde er schon gewinnen.

Das Aufheben hat nämlich gleich drei Bedeutungen ins Rennen geschickt. Als Hegel auf das Aufheben stieß, erkannte er das Potential des All-in-one-Prinzips. Er machte das Aufheben zum Star seiner Bücher. Bei Wörtern wie Wahrheit, Schönheit, Glück hätte das keinen erstaunt, aber was in aller Welt war es, das Hegel am – sprechen wir es ruhig aus – faden und dürren Aufheben entzückte?

Es war der Bedeutungsdreiklang, aus dem sich wie von allein die Hegel'sche Dialektik ergab. Zum einen konnte das Aufheben »neutralisieren« bedeuten, in dem Sinne, dass Wirkungen aufgehoben werden. Zugleich bedeutete es auch aufbewahren, wie etwa in der Formulierung, dass man ein altes Foto aufhebt. Zugleich konnte es aber auch ein Aufheben in dem Sinne sein, dass man, indem man ein Stück Papier aufhebt, etwas weiter nach oben befördert. Hegel nun sagte sich: »Was sich aufhebt, wird damit nicht zu nichts«, machte sich frisch ans Werk und schlachtete das Wort so sorgfältig aus wie ein Eskimo eine Robbe. Seitdem heißt Dialektik: Kollidieren These und Antithese, wird jede einzelne für sich neutralisiert, und zwar in der Synthese, die gleichzeitig aber die Trümmer in einem neuen Ganzen bewahrt und damit eine Stufe weiterschleppt.

Man kann also sagen: Die Synthese hebt auf, hebt auf und hebt auf. Hoch soll sie heben! Keine Bedeutung wird verschenkt, keine weggeworfen. Das ist einerseits genial. Andererseits – Heiligs Blechle! – kommt mir diese Sparsamkeit auch ungeheuer schwäbisch vor.

5. Augenblick

Einige Höhepunkte der Literatur wären ohne bestimmte Wörter undenkbar. Man stelle sich Faust vor, wie er gerade seinen Vertrag mit Mephistopheles abgeschlossen hat. Noch ist nicht klar, wer wen über den Tisch gezogen hat; Faust strahlt und ist in Siegerlaune, und vielleicht zuckt es ihn auch in den Fingern, sie zum Siegeszeichen zu spreizen wie Deutsche-Bank-Vorstand Josef Ackermann in der Gerichtspause. Jedenfalls bricht er auf einmal in sein berühmtes Wonnegeheul aus: »Werd' ich zum Momente sagen: Verweile doch! Du bist so schön!«, dann – ja, was dann? Dann will man sich in Fesseln schlagen, dann will man gern zugrunde gehn.

Denn so hat es Goethe nie aufgeschrieben. Wer verweilen soll, ist natürlich der Augenblick, nicht der Moment. Was für ein Unterschied. Ein Moment mag schön sein, aber als Wort wirkt er zu pragmatisch. Der Augenblick allerdings ist auch als Wort schön, weswegen er gleich doppelt verweilen soll – als Bestandteil des Geschehens und als ein Wort, das neben den anderen leuchtet. Dabei beschreibt der Augenblick selbst schon ein Innehalten; er dauert so lange an, wie man braucht, um mit einem Wimpernschlag den Blick zu öffnen und ein Bild aufzunehmen. Dieses Bild wiederum ist im Augenblick verewigt.

Die Stelle im *Faust* kennt jeder. Weniger bekannt ist, woher das Wort »Augenblick« kommt. Es handelt sich nämlich nicht um ein Stück sprachlichen Tafelsilbers, das man über die Jahrhunderte mitgeschleppt hat und von Goethe endlich blank geputzt worden ist. Zwar gibt es im Mittelhochdeutschen das Wort »ougenblic« in der Bedeutung von »kurze Zeitspanne«, aber als Inbegriff des Augenblicks hatte sich mehr und mehr der »Moment« etabliert. Bis sich zu Beginn des 17. Jahrhunderts der bereits mit seinem »All« berühmt gewordene Herr von Zesen der Sache annahm und den »Oogenblick«, wie er es wahrscheinlich in einer raffinierten Mischung aus vorgestelltem Mittelhochdeutsch und praktiziertem Sächsisch aussprach, in den Vordergrund schob. Als Daniel Düsentrieb der deutschen Sprache knöpfte sich Zesen auch andere Wörter vor: Aus »Parvenü« machte er »Emporkömmling«, aus »Bibliothek« »Bücherei«, aus der »Adresse« die »Anschrift«, aus der »Passion« die »Leidenschaft«.

Ich bin mir nicht sicher, was dann passierte. Zesen hörte gar nicht mehr auf mit dem Erfinden – und vergriff sich an Wörtern wie »Elektrizität«, »Pistole«, »Natur« und »Sonne«. Hatte ihm die Blitzfeuererregung einen Schlag versetzt? Oder ihn jemand mit dem Meuchelpuffer bedroht? Bekam er nach zu langem Aufenthalt in der Zeugemutter einen Tageleuchterstich? Man weiß es nicht. Nur eines ist sicher: Er war ein großer Leuthold. Pardon, ein Patriot.

6. Auto

Kaum jemand sagt »Automobil«, wenn er vom Auto spricht. Ursprünglich kommen in diesem Kunstwort, Reizwort, Lockwort ja zwei Wörter zusammen, »autor« und »mobil«, »selbst« und »beweglich«, und daran, dass das eine dem Griechischen entlehnt ist und das andere dem Lateinischen, erkennt man bereits den Welteroberungsplan: Hier wird die geballte Kraft des Abendlandes zusammengezwungen, um eine Kultur- und Allmachtsvokabel ersten Ranges hervorzubringen. Nur hat sie den Schnickschnack längst abgestreift wie die ersten Automobile den verchromten Zierrat. Im Wort selbst bildet sich die Entwicklung des Gegenstandes ab. Es ist jetzt ergonomisch, in den Windkanälen der Sprache beschliffen: Von »Automobil« ist nur »Auto« übrig geblieben, ein schneidiges Wort voller PS.

PS.: Es ist kein Zufall, dass von den beiden Wortbestandteilen nur das Selbst überdauert hat. Auto ist Selbst, weswegen sich eine Autoaggression nicht unbedingt gegen Autos richtet und Autoerotik nicht bedeutet, dass die Benzinleitung klemmt. Aber womöglich offenbart sich im Wort eine tiefere Weisheit, nämlich jene, dass die Identifikation mit dem Kraftfahrzeug sich nicht mehr steigern lässt – und man deshalb beim Auto immer von sich selbst spricht. »Mir ist einer draufgefahren«, sagt man, oder: »Ich hab einen Platten«, immer aus der Perspektive, als ob man selbst den Platten hätte. Wenn man sich das Wort anschaut, kann man nur sagen: Ist ja auch so.

7. begreifen

Während Eltern heute rätseln, wie und ob man Kinder in der Pubertät begreifen kann, hat es der Isaak des Alten Testaments einfach getan: Er fasste seine Söhne an. Das Ergebnis steht in der Bibel. Der eine, Esau, muss vor lauter Haargestrüpp »rau« gewesen sein; der andere, Jakob, war spärlicher behaart und fühlte sich »glatt« an. Vater Isaak konnte die beiden auch nicht anders auseinanderhalten, als sie zu betasten, er war ja blind und ein bisschen schwerhörig wohl auch, und wenn er sie also zu sich rief, den erstgeborenen Zottel Esau und das Muttersöhnchen Jakob, so »begriff« er sie, wie es in der Bibel heißt: »Tritt herzu, mein Sohn, damit ich dich begreife.« Es war wichtig für ihn, die beiden auseinanderzuhalten, denn Esau sollte, so Isaaks Plan, einmal den väterlichen Segen erhalten. Eine folgenschwere Entscheidung: Denn nur der Segensträger konnte legitimer Stammvater Israels werden.

Ob das Begreifen damit einfacher war als heute, ist schwer zu entscheiden. Einiges spricht für das Gegenteil: Das Begreifen im ursprünglichen Sinn würde inzwischen unter Strafe stehen, wenigstens am Arbeitsplatz. Es hieße heute »Begrapschen«. Es ist eines der Beispiele dafür, wie sich ein Wort von seinem Inhalt emanzipiert; wie es sich wandelt und neue Bedeutungen formt. Bei »begreifen« sieht man sofort, dass »greifen« schon mit enthalten ist. Tatsächlich liegt hier die erste, die sinnliche Bedeutung des Wortes. Wer etwas greift, nimmt es sich, und zugleich erklärt das Wort auch, wie das geschieht: Denn gegriffen wird mit der Hand. So geht auch das althochdeutsche »bigrîfan« auf eine tatsächliche Berührung mit Händen und Fingern zurück, die aber, anders als das ebenfalls mit der Hand vorgenommene Tasten, am Ende dazu führt, sich etwas anzueignen.

Auch das Hirn nimmt sich etwas, sobald es begreift; durch die Übertragung der Bedeutung wird es mit der Hand gleichgesetzt. Die Verwandtschaft ist offensichtlich. Mit einem Griff schnappt man sich einen Gegenstand; mit einem Be-Griff eignet man sich eine ganze Welt an: So lassen sich verschiedene Tasterfahrungen trotzdem einheitlich als »rau« zusammenfassen, was die Sache doch deutlich übersichtlicher macht, denn Begriffe helfen, sich auf das Wesentliche zu konzentrieren. Was schwierig genug sein kann, wie Isaaks Beispiel am Ende zeigt, denn Sinne und Geist sind trügerisch. Als es beim Begreifen nämlich darauf ankam, hat Isaak sich vergriffen: In dem Glauben, er fühle unter seinen Händen Esaus Haarpracht, erteilte er den väterlichen Segen: »Hm, ganz schön rau heute, der Junge«, wird er sich gedacht haben. Nur ertastete er in Wirklichkeit den glatten und sehr schlauen Jakob, der ihn mit einem übergeworfenen Fell täuschte und sich den alles entscheidenden Segen erschlich.

8. beinhalten

Das Verb »beinhalten« ist nicht nur umständlich, es gehört auch zu jenen Wörtern, die in der Literatur ein Außenseiterdasein führen.

»Be-inhalten« – was hier zunächst stört, ist die Vorsilbe »be«, die einen wegschleudert, bevor man beim Eigentlichen, beim Inhalt landet. Das ist dann doch irgendwie wie von hinten durch die Brust ins Auge. Ein eckiges und störrisches, gleichzeitig hochpräzises und unsinnliches Wort. Nun ist Umständlichkeit nicht unbedingt ein Ausschlusskriterium. Doch man kann sich durch zahllose Bücher blättern, Seite um Seite, man wird es trotzdem kaum finden; nur in den Abenteuergeschichten von Friedrich Gerstäcker bin ich darauf gestoßen: ausgerechnet bei jenem Mann, der eben nicht wie sein Zeitgenosse Karl May sein Leben daheim neben einem ausgestopften Bären verbrachte, sondern als Jäger durch beide Amerikas streifte, und das jahrelang. Umso seltsamer wirkt es, wenn einer wie Gerstäcker dann zu so einer buchhalterischen Vokabel greift, die weder nach Prärie noch nach Pulver riecht, und den Satz schreibt: »Ein kleiner, hübsch gearbeiteter Tornister auf seinem Rücken konnte nur etwas saubere Wäsche beinhalten.«

Saubere Wäsche! Von mir aus. Gegen so einen kleinen, hübsch gearbeiteten Satz ist erst einmal gar nichts einzuwenden. Das Widersprüchliche ist ja, dass »beinhalten« gar nicht selten, sondern jenseits der von der Literatur dominierten Sprache ein sehr häufiges Wort ist. Beliebt ist es bei Leuten, die Konzepte machen, strategische Papiere schreiben und auch ganz gern von »Maßnahmen« sprechen; es ist populär bei allen, die die Sprache einsetzen wie eine Powerpointpräsentation.

Warum das Wort »beinhalten« aber in der Literatur so konsequent gemieden wird, hat vielleicht nicht nur mit den Schriftstellern, sondern in Wahrheit mit den Lektoren ihrer Bücher zu tun. Einer von denen hat mir nämlich einmal gesagt, dass er »beinhalten« immer sofort streicht; es mache ihn wahnsinnig, dieses Wort. Man stolpert darüber, denn sobald man die Buchstaben mit den Augen erfasst hat und sich dann im Kopf der Wortlaut bildet, kommt es einem so völlig fehl am Platz vor. Insofern macht die alte Verwandtschaft mit »innehalten« durchaus Sinn. Beinhalten beinhaltet nämlich die Gefahr, die konkret auch in Blumentopferde und rudimentär in Mordsspaß und Eierreis drinsteckt, denn man ist versucht, stattdessen »Mords-Paß« und »Eier-Eis« zu lesen und im ersten Fall, klar, »Blumento-Pferde«. Und beinhalten? Sieht natürlich aus wie »Bein halten«. Wenn man das einmal gedacht hat, kann man das Wort nicht mehr anders lesen.

9. bin

Das Bin gehört zu den Wörtern, die es offiziell bei den Sprachverwaltern nicht zu geben scheint. Damit ist gemeint: Wenn man in den Standardwerken der deutschen Sprache nachschlägt, sucht man das Bin vergebens. Alles Mögliche steht da, von »Arbuse«, was zwar prächtig klingt, aber nichts anderes bedeutet als »Wassermelone«, bis hin zu »Ohrenkriecher«, das vernachlässigt wird, weil »Ohrwurm« geläufiger ist. Nur zwischen »bimsen« und »binär« klafft eine unsichtbare Lücke; ein schwarzes Loch womöglich, und das Bin ist hineingesogen worden und seither verschollen. Das ist schade. Dabei kann ich beweisen, dass es das Bin wirklich gibt. Es gehört zu den lebendigsten Wörtern, die wir haben.

Ich bin! Hat es je eine kräftigere, kompaktere Selbstbehauptung gegeben? Ein Ich behauptet sein Sein – also hat sich gleich die Philosophie darauf gestürzt, und Descartes hat es noch ein bisschen mehr zu »Ich denke, also bin ich« aufgeblasen. Kennedy wiederum wollte nicht einfach nur sein, sondern vor allem etwas sein, nämlich einer von vielen Berlinern. Den meisten wäre so ein Wunsch nie freiwillig über die Lippen gekommen. Vor allem nicht Louis XIV., der mit seinem »Der Staat bin ich« ganz andere Maßstäbe anlegte und endgültig die Leibesgrenzen sprengte.

Nur leider klebt die Verbform »bin« nicht nur am Personalpronomen »ich« und seit dem Elften September am Namen »Laden«, sondern auch an der Stammform »sein«. Das Sein ist wie selbstverständlich überall; es macht sich in Buchtiteln breit, lässt sich feiern und Kohorten von Heidegger-Exegeten nicht ruhen, und kein Dudenverfasser würde je auf den Gedanken kommen, es so lautlos unter den Tisch fallen zu lassen wie das Bin. Letzteres ist zwar die gebeugte Form von Sein. Aber man sieht doch sofort, dass »bin« ein anderes Wort ist als »sein«. Warum akzeptiert man es nicht in seiner Eigenständigkeit, hat in Wirklichkeit also der Gram das Bin gebeugt? Sein Schicksal ist seitdem, sich trotz aller offenbaren Vorzüge durchzumogeln. Mit dem Bin verhält es sich wie mit jenem Mann, der sich in Frankreich auf Fotos von Staatsempfängen geschmuggelt hat. Offiziell war er unbekannt, in persona aber überall dabei.

Wenigstens einer hat das Bin für einen Moment dem Schattendasein enthoben. Das war der Schriftsteller Max Frisch. In seinem Büchlein *Bin oder die Reise nach Peking* hat er dem Bin die Hauptrolle zugedacht. Es ist der kettenrauchende Freund des Ich, Partner seiner endlosen Zwiegespräche. Warum das Bin nun so unsichtbar ist, selbst dafür hat Frisch eine Erklärung: »Bin ist ein Geist.« Und das, findet das vom Alltag geplagte Ich, ist in jedem Fall von Vorteil. »Ein Geist hat es leicht. Er muss sich nicht jeden Morgen anziehen.«

10. bricht

Das Bricht hat es einmal zu großer Bekanntheit gebracht. 1965 war das, als Drafi Deutscher mit seinem Lied *Marmor, Stein und Eisen bricht* die Hitparaden stürmte und die Liedzeile auf »aber unsere Liebe nicht« reimte. Hatte das je ein Bricht vor ihm geschafft? Bisher war es nur als Teil von »Walter Ulbricht« aufgefallen. Und als dritte Person Singular des Verbs »brechen« hatte es bis dahin sowieso ein eher unspektakuläres Dasein geführt. Immerhin noch besser als andere Beugungen des Verbs, denn »bricht« wird von gleich drei Pronomen – er, sie, es – beansprucht, was es wahrscheinlicher macht, es häufiger zu gebrauchen als andere Beugungen. Das Bricht ist dennoch aus einem anderen Grund gefährdet: Es gehört zu einem starken Verb. So wie es das sogenannte starke und das schwache Geschlecht gibt, spricht man auch von starken und schwachen Verben. Da gibt es Parallelen: Die schwachen Verben sind in Wahrheit die starken, und die starken – die mit den unregelmäßigen Beugungen – sind so kompliziert, dass manche vom Aussterben bedroht sind. Weswegen es inzwischen sogar eine »Gesellschaft zur Stärkung der Verben« gibt, die nicht nur für »bricht – brach – gebrochen« eine Lanze bricht, sondern neue Verbbeugungen erfindet. Auch Drafi Deutscher war da kreativ in der Anwendung. Würde er noch leben – eine Ehrenmitgliedschaft in der Verbenstärkungsgesellschaft wäre ihm gewiss. Für das Bricht hat er sich sogar mit dem Land Bayern angelegt: Dort durfte *Marmor, Stein und Eisen bricht* nicht im Radio gespielt werden, weil in diesem Fall nicht »bricht«, sondern »brechen« richtig ist.

11. das

Beachtet werden Wörter meist nur dann, wenn sie ein Bild erzeugen. Wenn sie genau nach dem klingen, was sie beschreiben. »Papiertüte« ist so ein Wort, das weiß ist und knistert, oder auch »Klobürste« kommt eher kratzig und nicht ganz so weiß; »Hundebratverbot« dagegen wirkt auf seltsame Weise auf die Nase, obwohl eben gerade das Braten verboten wird. Das sind die Schröders und Fischers der Sprache, denen alle Aufmerksamkeit gewiss ist, ob sie nun mitten im Satz neben anderen Wörtern oder in einer Überschrift stehen. Sie werden zuweilen sogar extra aus der Mitte der anderen Wörter herausgehoben: Das geschieht bei den zahlreichen Miss-Wahlen der Sprache. Da gibt es das schauerlich-unbekleidete »Unwort des Jahres«, das leider selbst noch nie zum Unwort gekürt worden ist; es gibt die Suche nach dem »schönsten deutschen Wort« sowie zahlreiche Umfragen zu Lieblingswörtern.

Was in den Rankings immer fehlt, ist das Das. Das Das gehört zu den Wörtern, die niemand wählt und die keiner wahrnimmt. Die einfach nur da sind und in fast jedem Satz ihre Pflicht tun – viel zu langweilig, um aufzufallen. Das Das ist ein Wortpeanut, ein buchstabiertes Bisschen, ein Floh im Pelz der deutschen Sprache. Es springt von einer Position im Satz zur anderen, je nachdem, wo es gerade gebraucht wird; eigentlich ist es ein Artikel, hilft aber auch als Relativpronomen oder hinweisendes Fürwort aus. Es wird noch nicht einmal als Wort wahrgenommen, sondern scheint an den anderen, den großen, den wichtigen Wörtern einfach dranzuhängen; es ist ein Sprachkrümel, der bei der Parade der anderen Wörter weggefegt wird. Warum auch nicht? Im Russischen zum Beispiel gibt es überhaupt keine Artikel. Da bröckelt und krümelt nichts, da gibt es nur Wörter wie Baumstämme, eine Sprache voller Kraft und Papiertüten. Außerdem: Unter einem Das kann man sich beim besten Willen nichts vorstellen, es bleibt abstrakt, bis auf seine Färbung vielleicht – grünlich.

Aber man denke sich nur Joseph Conrads *Herz der Finsternis* ohne das gestotterte »Das Grauen! Das Grauen«; jene Worte, mit denen der dämonische Kurtz das Leben aushaucht; und stattdessen nur »Grauen … Grauen …«, wie dumpf und stumpf das klingt, was für ein zombiehaftes Stammeln ist das denn! Bei einem anderen Artikel, bei »der« oder »die« Grauen, fehlte wiederum das abgrundtief Böse. Obwohl es ja auch anders geht. Gerade im Französischen, Spanischen, Italienischen und Portugiesischen ist alles nur vom Gegensatz männlich – weiblich geprägt; alles Sächliche ist nebensächlich. Wer so geprägt ist, verzweifelt am zusätzlichen Artikel der deutschen Sprache (»das Klobürste«, »der Hundebratverbot«) und stellt früher oder später die alles entscheidende Frage:

Braucht man das Das?

Die Antwort lautet natürlich: nein. Das Das ist ein reiner Luxusartikel. Wir haben uns den Luxus geleistet, aus »die Merkel« für eine Weile »das Merkel« zu machen; eine Tatsache, die sich nur mit vielen Handküssen wieder rückgängig machen ließ.

12. denglisch

Der Bedarf an neuen Wörtern ist hoch. Ein Tübinger Sprachforscher, der in den Printmedien patrouillieren geht, kommt bei seinen Streifzügen auf fünfzehn neue Wörter pro Tag, und auch wenn ein Teil davon wegfällt, weil es sich um Eigennamen oder falsch geschriebene Wörter handelt, so bleibt doch einiges übrig. Die Frage ist natürlich, welches bleiben darf und welches nicht; der Hort der Sprache wird bewacht, und dass es manche Parallele zur Einwanderungsdebatte gibt, ist offensichtlich. Der Druck zur Anpassung wird größer. Die Immigranten heißen so lange »Neologismen«, bis ihr Ursprung verwischt ist und es einem vorkommt, als hätte sie es immer in unserer Sprache gegeben. Den meisten Wörtern der letzten Zeit wird man ihre Herkunft aber wahrscheinlich noch lange anmerken: »Denglisch« heißt jenes angelsächsisch gefärbte Umgangs-, Wirtschafts- und Werbedeutsch der zweiten Generation, das hier bei uns entstanden ist und von Engländern nur mühsam verstanden wird, wenn überhaupt.

Dabei ist das abwertend gemeinte Wort »denglisch« selbst ein Beispiel dafür, wie sich die Sprache mit Neubildungen bisher unbekanntes Terrain erschließt und auf ihre Umwelt reagiert. Das sogenannte Kofferwort »denglisch«, das das Englische feinsäuberlich im Deutschen verstaut hat, zeigt sogar zweifach, wie sich die Sprache einer veränderten Situation anpasst. Wenn sich etwa zwei Bedeutungen in einem Wort überschneiden und es dadurch zu Missverständnissen kommt, muss ein Ausweichwort her. Diesen Fall hat es bereits bei »englisch«, einem der Ursprungswörter von »denglisch«, gegeben. »Englisch« war lange Zeit von einer anderen Bedeutung als der heute üblichen besetzt und hat, analog zu »himmlisch«, »engelhaft« bedeutet, was nicht weiter schlimm war, solange Marco Polo für Globalisierung stand, England nur vom Hörensagen bekannt war und Bernsteintausch als eine angemessene Art von Devisenhandel galt. Aber spätestens wenn es um »englische Fräulein« geht, will man dann doch gern wissen, ob es sich um himmlische Jungfrauen, Nonnen oder abenteuerlustige Teenage-Queens handelt. Oder ob das *Faust*-Zitat »Sie stellen wie vom Himmel sich gesandt / und lispeln englisch, wenn sie lügen« in Wirklichkeit üble anglophobe Nachrede ist. Das England-Englisch wurde so dominant, dass sich die Engel ein neues Adjektiv suchen mussten.

Mal abgesehen davon, dass manchmal ein künstlicher Bedarf erzeugt wird – wie im Falle von »sitt«, das als Gegenstück zu »satt« »nicht mehr durstig« bedeuten soll, nachdem Vorschläge wie »dulo« für »durstlos« durchgefallen waren und die Dudenredaktion, die nicht unerheblich an diesem von einem Getränkehersteller initiierten Schwachsinn beteiligt war, hunderttausend Einsendungen sichten musste –, wird ein neues Wort vor allem dann gebraucht, wenn neue Dinge auftauchen, zum Beispiel der Computer. Oder eben die Tatsache, dass englische Verben jetzt nach deutschen Regeln gebeugt werden und man inzwischen von »gecancelt« und »gemailt« spricht, weswegen dafür das neue Wort »denglisch« hermusste. Das Phänomen ist allerdings nicht neu, genauso wenig wie die übertriebene Weltuntergangsstimmung. Schon in vergangenen Jahrhunderten hat man über den angeblichen Verfall der Sprache gejammert. Mit einem Unterschied: Früher hat es für Dlatein, Driechisch und Dranzösisch nicht extra ein eigenes Wort gegeben.

13. denken

Viele Jahrzehnte ist es her, da hat Martin Heidegger über das Denken nachgedacht. Wie meistens war er besorgt. Es werde zu viel gehandelt, schrieb er, und zu wenig gedacht, und um dieses Defizit gleich einmal auszugleichen, hat er das Denken so lange um sich selbst kreisen lassen, dass einem noch heute als Leser des Traktats *Was heißt Denken?* ganz schwummrig wird. Am Ende weiß man gar nicht mehr, ob Sätze wie »Das Bedenklichste zeigt sich in unserer bedenklichen Zeit darin, dass wir noch nicht denken« genial sind oder Unfug. Zu sehr hat man sich im selbstbezüglichen Denken der Gedanken auf Teufel komm raus verstrickt. So wie Sokrates bekannt hat, dass er nichts weiß, soll man hier zugeben, dass man noch nicht denkt. Das Denken soll man lernen.

Warum etwas lernen, was man längst kann? Dafür ist man schließlich Mensch. Das Wort »denken« geht auf das althochdeutsche »denkjan« zurück, ein Verb, das das Gegenteil einer unwillkürlichen Empfindung, nämlich eine bewusste Tätigkeit des Geistes ausdrücken sollte: »Schweigendes Reden«, so wurde das Denken manchmal umschrieben. Das ist vielleicht eine erste Parallele: Auch Reden muss man erst lernen, wenn das Plappern zum Handwerk des Menschen gehören soll. Aber zurück zum Denken: Die Fähigkeit, im Innern mit sich selbst zu kommunizieren, hat das Ich als Gesprächspartner real werden lassen – und damit aus dem kartesianischen »Ich denke, also bin ich« nicht nur einen der am meisten zitierten Sätze, sondern auch die größte Selbstvergewisserungsformel aller Zeiten gemacht.

Heute sagt man meistens nur »Ich denke« und spart sich das »also bin ich«. Es ist merkwürdig, dass auf einmal ständig behauptet wird, dass jemand denkt – und das auch noch da, wo sich bewusste Regungen des Geistes bisher rar gemacht haben. Tatsache ist, dass das Wort »denken« noch nie so häufig gebraucht wurde. Allerorten taucht es auf, seit die englische Wendung »I think« so populär geworden ist. Während man vor einiger Zeit noch vorsichtig sagte: »Ich *glaube*, dass morgen die Wurst im Angebot ist«, sagt man inzwischen: »Ich *denke*, dass morgen die Wurst im Angebot ist« oder »Ich denke, dass sich die Mandy vom Thorsten trennen sollte« oder, weil das immer passt: »Ich denke, das muss jeder für sich entscheiden«. Man meint, glaubt, findet, wähnt, vermutet nicht mehr – im Gegenteil: Aus einer Nation von Glaubern, Findern, Wähnern, Vermutern ist, wenn man den Leuten beim Sprechen zuhört, eine Nation von Denkern geworden. Ob Heidegger deshalb beruhigt wäre, bezweifle ich. Er hätte gerade das mit Sicherheit für höchst bedenklich gehalten.

14. Dezember

Der 12. Dezember 1995 wird den meisten, die dabei waren, nicht mehr in Erinnerung sein; die Rede ist von den Teilnehmern der UN-Generalversammlung. Ein kleines zentralasiatisches Land verkündete nämlich seine Neutralität, was in der Sprache dieses Landes »Bitarap« heißt. Und zugleich sollte »Bitarap« auch ein Putsch sein, ein weiterer Anschlag auf das Monatswort »Dezember«. Der Dezember hat es schwer, von Anfang an begleiten ihn Missverständnisse. Dabei ist der Name eigentlich klar: Er leitet sich vom lateinischen »decem«, dem Zehnten, ab, was daran liegt, dass das Jahr laut römischem Kalender zu einem anderen Zeitpunkt begann. Der Name ist geblieben. Nur wenn man heute die Monate durchzählt, kommt man beim Dezember auf zwölf, und vielleicht hat diese Eigenart des Dezembers, sich Zehnter zu nennen, aber Zwölfter zu sein und so alle in Verwirrung zu stürzen, zu den verschiedenen Versuchen seiner Abschaffung geführt. Den Anfang machte Robespierre, der mit dem Guillotinieren des französischen Adels offensichtlich nicht ausgelastet war und nebenbei den »Frimaire«, den Friermonat, erfand, der so etwas wie ein Dezemberersatz sein sollte. Anscheinend leuchtete dieses Beispiel bis nach Turkmenistan, wo Turkmenenführer Nijasow nur darauf wartete, sich – nach seinem Buch *Buch der Seele* und der Aufstellung unzähliger Statuen von sich, seiner Mama und seinem Papa – neue Betätigungsfelder zu erschließen. »Bitarap« kam da gerade recht, und da die meisten Monatsnamen schon nach ihm, seiner Mama und so weiter benannt waren, hielt er sich an den Dezember. Da kann der Dezember nur von Glück sagen, dass er nicht der September ist. Der heißt nämlich jetzt »Buch der Seele«, das somit für immer, nun ja: Buch des Monats geworden ist.

15. eigentlich

Auch in der Sprache gibt es eine Art von Ökonomie. Sie offenbart sich in dem Hang, sich immer kürzer und effektiver auszudrücken. Statt zu stammeln: »Also im Prinzip, sach ich mal, würde ich irgendwie davon abraten«, kann man auch sagen: »Nur über meine Leiche.« Oder kürzer: »Nein.«

Solch eine Ausdrucksweise hat viele Vorteile, vor allem, wenn man sie so meisterhaft beherrscht wie Hemingway und hauptsächlich Verben durch die Sätze preschen lässt; sie modelliert die Inhalte, schafft Klarheit und macht aus der Sprache eine glatte, geschmeidige Röhre, in der die Botschaften ohne Reibungsverlust entlangflitzen. Sie bleiben nicht mehr an Einschüben wie »vielleicht«, »würde« oder »irgendwie« hängen.

Für das schrecklichste dieser Wörter halten viele das Eigentlich. Es gilt als Anführer der Weichmacher. Zuhörer wie Leser wollen jemanden, der weiß, wo es langgeht – und niemanden, der es »eigentlich« weiß. Es entwertet Botschaften, es kostet Zeit, und zu was ist es nütze? Damit rückt es in die Nähe von Spätfrühstückern, Gammlern, Würstchen. Es steht nicht nur im Weg, nein, es hält die anderen Wörter davon ab, ihren Job zu tun. Verben haben eine Funktion, alles hat eine Funktion, beim Eigentlich ist man sich nicht so sicher. Es ist zum Dauerpraktikanten unter den Wörtern geworden: für eine Abwechslung willkommen, um eine Lücke zu füllen. Aber wenn gekürzt werden soll im Text, ist das Eigentlich als Erstes dran. Wenn es ernst wird mit der Sprachökonomie, fliegt das Eigentlich in hohem Bogen raus.

Nur manchmal zweifele ich daran, dem Eigentlich betriebsbedingt zu kündigen. Sprache besteht nicht nur aus exakten Botschaften, sondern umschmeichelt mit Mehrdeutigkeiten. Gerade die Adjektive und Adverbien, zu denen auch das Eigentlich gehört, sind unverzichtbar für die Hohe Schule des Nebelwerfens, für das Eincremen mit schönen Formulierungen und andere vermeintlich überflüssige Künste, die am Ende die Frage aufwerfen: Was wurde eigentlich gerade gesagt? Ohne diese Wörter gäbe es keine Rhetorikseminare, keine Diplomatie und keine Politik – und vor allem keine Pufferzonen zwischen Frau und Mann. Besonders das Eigentlich erzeugt in Sätzen wie »Findest du eigentlich, dass ich gut aussehe?« oder »Die sämtlichen Ackergesetze gehen mich eigentlich gar nichts an« (Goethe) eine vertrauliche Beiläufigkeit, die einen gerade so das Gesicht wahren lässt.

Was man von anderen Füllwörtern nicht behaupten kann. Wenn manche jeden Satz mit »irgendwie« aufpumpen oder mit dem prolligen Zusatz »sach-ich-mal«, dann sehne ich mich nach der Unaufdringlichkeit des Eigentlich. Das einen wenigstens gut aussehen lässt, wenn man dabei ist, nichts zu sagen.

16. Endeffekt

Daniel Küblböck hat das Wort »Endeffekt« dahin gebracht, wo es hingehört: ins Fernsehen. Zuerst aber hat er sich erst einmal selbst in das sogenannte Unterschichtsfernsehen hineingewurschtelt: aus einem bayerischen Kindergarten direkt an die Seite von Dieter Bohlen in *Deutschland sucht den Superstar*, dann in eine andere Sendung, wo er sich mit Kakerlaken überschütten ließ, weshalb man ihn in einer, wie es heißt, repräsentativen Umfrage des ZDF unter die »besten Deutschen« gewählt hat, noch vor Mozart, der es auch schaffte, obwohl er Österreicher war. Auf der Titelseite der *Bild* war Küblböck auch ab und zu: zuletzt nach einer Kollision mit einem Gurkenlaster irgendwo im Niederbayerischen. Daniel Küblböck also saß eines Tages in einer Talkshow wegen seines Buches; er war sehr aufgeregt, was man vielleicht auch sein muss, wenn man mit achtzehn seine Autobiografie veröffentlicht; jedenfalls kam in fast jedem seiner Sätze ein »im Endeffekt« vor. »Im Endeffekt wollte ich«, »es ist ja so im Endeffekt«, »also die Sache mit dem Dieter hat im Endeffekt«, so dass ich, hätte ich neben ihm gesessen, am liebsten zugelangt hätte, unter mildernden Umständen: im Endaffekt nämlich.

Seitdem muss ich jedes Mal, wenn ich »Endeffekt« höre, an Küblböck denken. Angeblich ist das Wort in der Antennentechnik unverzichtbar. Aber in der gesprochenen Sprache ist »Endeffekt« ein Ärgernis, vor allem, wenn ein »im« davorsteht. Es ist nicht nur eine sprachliche Redundanz, dass hier Effekt und Ende gekoppelt sind, sondern genau genommen eine Unschärfe: Kaum jemand meint den Effekt, wenn er das Wort benutzt, sondern das Ende. Die Frage ist also eher, wie stilsicher so ein Stilmittel ist. »Im Endeffekt« – mal davon abgesehen, dass meine Hand beim Schreiben des »Endeffektes« immer streikt, weil ich nach dem Tippen der Buchstabenreihe »Ende« auf einmal mit dem »ffekt« konfrontiert bin, was seltsam aussieht – ist es doch so: Wer mit »Im Endeffekt«-Sätzen die Kausalkette von hinten aufrollt, der sagt damit nur, dass er immer alles hat kommen sehen, dass er sich immer alles schon vorher gedacht hat; und wer einen solchen »Im Endeffekt«-Sager für einen Nörgler oder einen Besserwisser oder eine Nervensäge hält, hat womöglich dreifach recht. Bei Küblböck ist der Fall ziemlich klar.

Warum nun der »Endeffekt« im Fernsehen so gut aufgehoben ist, hat mit dem Satiriker, Musiker und Sprachphilosophen Max Goldt zu tun, der lange vor der Debatte um »Unterschichtsfernsehen« über das Füllsel »im Endeffekt« schrieb: dass es vor allem ein »recht zuverlässiger Unterschichtsindikator« sei. Die Endeffektisierung des Fernsehens ist daher nur logisch. Allerdings ist Goldt trotz aller Analyseschwerkraft auch nur ein Mensch wie Küblböck und ich: »Ich würde niemals aufhören, jemanden zu lieben«, hat er einmal bei einer Lesung geflüstert, »nur weil er dieses Wort benutzt.«

17. enteisent

Es ist durchaus möglich, dass »enteisent« das Wort ist, das zu den meisten Leserbriefen geführt hat. Nur gingen sie niemals an Zeitungsredaktionen; die Proteste waren an die Hersteller von Mineralwässern adressiert, denn die haben das Wort auf ihre Etiketten gedruckt. Während andere Wörter wie »kohlensäurearm« höchstens zu Bedauern, aber nie zu Missverständnissen geführt haben, ist man bei »enteisent« zunächst verwirrt und fragt sich, ob man richtig gelesen hat. Und dann, ob das richtig geschrieben ist: Muss das nicht »enteist« heißen? Oder wenigstens »enteisend«? Es müssen böse Briefe an die Hersteller gewesen sein, Briefe mit perfekter Kommasetzung und rechtgeschriebenen Sätzen, die erst von Pisa im Allgemeinen und den Folgen im Besonderen handelten, denn seit wann werde ein Partizip denn mit »t« am Ende geschrieben, und in Wirklichkeit müsse es eben »enteisend« heißen: Kaum auszudenken, die ganzen Kinder, die diesen Mist auf den Etiketten lesen und dann in der Schule sitzenbleiben.

Andere Briefeschreiber hatten andere Sorgen. An der Rechtschreibung mäkelten sie dafür nicht. Bei »enteisent« sahen sie nur eine Gefahr: Eisenmangel. Auf ein Mineralwasser, das Eisen entzieht, könne man ganz gut verzichten, den Eisenpegel hochzuschrauben sei anstrengend genug. Dabei zeigt »enteisent«, wenn man es einmal mit »entrostet« übersetzt, ganz schnell, was damit gemeint ist: Vom Eisen befreit sind Strom und Bäche, bevor das Wasser daraus in Flaschen abgefüllt wird, sonst kommt es zu Rostflocken, und so etwas will wirklich keiner trinken.

»Enteisent« ist das Partizip Perfekt von »enteisenen«, und das steht auf der Wörterliste des Instituts für Deutsche Sprache. Es ist damit vollwertiges Mitglied einer Gemeinschaft von zehntausendeinhundertsechsundsiebzig deutschen Verben. Die Fragen stellen sich deshalb ganz anders. »Enteisenen« will gebraucht werden, es ist ein lebendiger Teil unserer Sprache, es steht uns zu Diensten, und wenn wir nicht mehr daraus machen als einfach nur »enteisent«, so sind wir selber schuld. Wo sind die wunderschönen Beugungen, das »ich enteisene, du enteisenst«, die poetischen Zwirbelungen des Konjunktivs, das »ich enteisenente, wenn du mir hülfest«? Wo ist das »enteisent« in der Literatur, in der Philosophie? Warum gibt es keine Gedichte, die sich kritisch mit den Metaphern des Enteisenens auseinandersetzen? Warum haben wir das Feld der Mineralwasserindustrie überlassen, raffgierigen Kohlensäurebläschenzählern, die hinter unseren Rücken über Wohl und Wehe der Enteisenung entscheiden? Ich weiß es nicht. Wahrscheinlich ist es sowieso zu spät. Das letzte Refugium des »enteisent« ist mit der Reform der Mineral- und Tafelwasserverordnung verschwunden. Seit dem 24. Mai 2004 ist der Zusatz nämlich auf Etiketten überflüssig. Es sei denn, jemand protestiert und schreibt endlich wieder einen Leserbrief. Was sage ich, Tausende! Los jetzt. Retten Sie das Enteisent. Tun Sie endlich was.

18. *entsetzlich*

In einer Broschüre, mit der die argentinische Verwaltung Touristen ins Land locken will, findet sich eine Stelle, deren Schönheit sich erst beim letzten Satz vollständig erschließt. »Neben dem sowohl grünen als auch stillen Gewässer und den zimtfarbigen Wäldern oder vor diesen Landschaften stehend, wo die unbändigste Natur rühmlich herrscht, lädt Sie das argentinische Patagonien dazu ein, die Träume der Vorkämpfer zu erleben. Dazu auch riesige Ebenen, Salzlagunen und Dünen. Spuren des uralten Amerikas, versteinerte Wälder, Schafe, Nandus, Guanakos und Fuchse. Die beiden Gesichter einer entsetzlichen Region.«

Einer ganz außerordentlich entsetzlichen Region, möchte man nach der Lektüre hinzufügen, und wer auch immer diesen Text geschrieben oder übersetzt hat, in dem die unbändigsten Adjektive so rühmlich herrschen – man kann ihm nicht genug danken. Endlich enthüllt das Wort seinen Charakter. Es ist unwahrscheinlich, dass dem Gebrauch des Wortes »entsetzlich« eine Verwechslung zugrunde liegt. Vielmehr scheint der unbekannte Autor endlich das Wort beim Wort genommen zu haben; mit der Unbekümmertheit eines Menschen, der sich den Nuancen einer zur Muttersprache hinzuerlernten Sprache über das ganz pragmatische Sezieren ihrer Wortbestandteile nähert. Dafür spricht auch, dass er vermutlich Argentinier ist; wenn man außerhalb einer Sprache steht, sieht man schneller, wenn der landläufigen Bedeutung noch eine andere, der Wortlogik gehorchende innewohnt. Womöglich war der Unbekannte auch ein Verehrer des Philosophen Heidegger, der den Wortbergbau, das Schürfen nach Wahrheiten im Innersten eines Wortes, bis zum Umfallen betrieben hat, was den gehässigen Theodor Adorno wiederum zu der Bemerkung hinriss, man habe es bei diesem Eigentlichkeits-Jargon mit nichts anderem als einer »Wurlitzerorgel des Geistes« zu tun. Um es kurz zu machen – ob der Broschürendichter nun geschürft oder georgelt hat: In »entsetzlich« hat er jedenfalls nicht das Wertende, sondern bloß die Bestandteile gesehen. Im Wort selbst ist »setzen« enthalten. Sobald die Vorsilbe »ent-« dazukommt, wird das Setzen aufgehoben; Entsetzen ist also Bewegung. Daher bringt einen Entsetzliches – so vorformuliert es die Sprache – immer aus dem Häuschen. Und lässt man das nicht zurück, sobald man sich auf Reisen begibt? Die Träume der Vorkämpfer erlebt? Sich mit Guanakos in zimtfarbigen Wäldern herumtreibt? Oder sich gar zu noch mehr hinreißen lässt? »Die Landschaft ermutigt den kühnen Besucher in fliegenden Maschinen, den Reiter, den Bergsteiger und den Fanatiker der Allradantriebwagen«, heißt es weiter in der Broschüre. Eine entsetzliche Region kann einen bekanntlich zum Äußersten treiben.

19. erzählen

Eine postmoderne Behauptung lautet, dass die Sprache klüger als der Sprecher sei. In vielen Fällen sollte das nicht allzu schwer sein, und nehmen wir mal an, das stimmt, dann muss man »erzählen« zu den klügsten Wörtern rechnen. Es weiß eine Menge über das Schreiben, und nicht nur das: Es berichtet auch von den Geheimnissen der Buchstaben.

Aber der Reihe nach. In »erzählen« steckt ganz offensichtlich »zählen«. Auf den ersten Blick ist das erstaunlich, denn während »erzählen« bedeutet, einen Pfad zu betreten, der mit den Mitteln der Sprache durch die Welt der Sprache führt, eine virtuelle, dennoch konkrete Welt, weil jedes Ding der realen Welt dort seinen Wortstellvertreter hat, weist »zählen« in ein anderes Universum. Es besteht nur aus Zahlen und deren Verhältnissen zueinander, die sich wiederum in unterschiedlichen Zeichen ausdrücken. Die Sprache selbst bleibt draußen.

Das Erzählen aber bringt beides zusammen: Zahlen und Buchstaben. Dass beide miteinander verschwistert sind und man dieses Geheimnis lüften kann, behaupten Numerologen und Kabbalisten schon lange. Sie geben jedem Buchstaben den Wert einer Zahl. Der Buchstabe zählt, die Zahl erzählt, und wenn man die Zahlen dann lang genug in den Worthülsen schüttelt, mal die Quersumme bildet, mal die Wurzel zieht, kommt Erstaunliches zutage. Der Satz »Er ist ein König« und das Wort »Ehemann« haben dann beide den Wert 102 und somit eine geheime Verbindung. Man hätte es sich eigentlich denken können.

Die eigentliche Leistung des Wortes »erzählen« ist aber eine andere. Es weist darauf hin, dass Schreiben linear ist. Wie Zahlen in einer Reihe, die addiert werden, müssen sich auch die Wörter in einem Satz auffädeln. Jeder Satz ist verzahnt mit dem nächsten. Bricht man einen aus dem Textgefüge heraus, bröckelt es vorne und hinten. Das Erzählen zwingt dazu, aufzuzählen, sich einer Logik zu unterwerfen, die je nach Talent des Erzählers wie Willkür wirken kann. In Wahrheit muss er aber immer vor der Wirklichkeit kapitulieren. Virginia Woolf hat sich vergeblich gegen das Korsett des Erzählens gewehrt – und so große Erzählungen wie *To the Lighthouse* geschaffen. Denn während draußen in der Welt alles gleichzeitig passiert, zum Beispiel die Sonne scheint und ein blaues Boot vorbeifährt, scheitert der Schreiber bereits daran. Im Text kann es nur nacheinander geschehen. Der Reihe nach. Aufgezählt. Was soll ich sagen: erzählt eben.

20. es

Zwei Männer haben dem Wörtchen »es« im 20. Jahrhundert eine Karriere beschert, wie sie niemand für möglich gehalten hätte: Sigmund Freud und Stephen King. Bis dahin ist es nur ein Pronomen gewesen, das sich von anderen höchstens dadurch unterschied, dass es unentschieden zwischen den Geschlechtern stand und Ausländer, die an ein grammatikalisches Neutrum nicht gewöhnt waren, zur Verzweiflung trieb. Und »es« war das Wort, mit dem die Märchen begannen, zeitlos und altmodisch zugleich: Die Formel »Es war einmal« ist genauso wenig wegzudenken wie das Ende, »Und wenn sie nicht gestorben sind, so leben sie noch heute«.

Über die Vorformen »iz« und »ëz« hat es sich zur heutigen Gestalt entwickelt. Als Fürwort kann es ein Substantiv, zum Beispiel »das Märchen« ersetzen, oder es gibt wie in »es regnet« Naturerscheinungen und dem Unbestimmten eine Form. Das wiederum macht es für das Unheimliche anfällig: Wenn es raschelt und spukt, kann keiner genau sagen, was dieses »es« eigentlich ist. Vielleicht war das der Grund, warum sein späterer Mentor, Sigmund Freud, solches Gefallen an dem Wörtchen fand. Er stärkte die Position von »es« gegenüber den Vertretern der biologischen Geschlechter: Der Spin Doctor des Unbewussten modellierte aus dem laschen

»es« ein großgeschriebenes »Es«, stattete es mit einem eigenen Artikel aus, und seit es als »das Es« in der Psychoanalyse für das Triebhafte steht, spricht man es auch nicht mehr mit kurzem Vokal aus, »ess«, sondern lüstern gedehnt: »Eeees«. Es ist das Verdienst von Stephen King, dass er mit seinem 1986 erschienen Gruselbuch *Es* die ursprünglichen Qualitäten des Wörtchens wieder in den Mittelpunkt rückte. Interessant dabei ist, dass die meisten den Titel »Eeees« aussprechen, als handele es sich um das Hauptwerk von Sigmund Freud. Tatsächlich gibt es Parallelen. So haust das Monster »Es« deutlich unter der Gürtellinie – es lauert in der Kanalisation. Es hat ständig Hunger auf Menschenfleisch – der Trieb gibt niemals Ruhe –, und dass es meistens die Gestalt dessen annimmt, vor dem sein Gegenüber die meiste Angst hat, zeigt, wie Ich und Es miteinander verstrickt sind.

Bloß am Ende seine Romans traut sich Stephen King eine Wendung, vor der selbst Freud zurückgeschreckt ist: Er gibt seinem »Es« doch noch ein Geschlecht. Es ist nämlich gar kein Neutrum, das gleichsam ein eigenes Geschlecht bildet, sondern stellt sich als schwanger, also weiblich heraus. Neu hört sich das nicht an, im Gegenteil: Zuerst Männer morden und in Wirklichkeit auch noch weiblich sein – so ein Wesen muss vernichtet werden. Nur sagte man früher Hexe. Die brannten so schön. Das weiß man ja nicht erst seit Stephen King: Für eine »Sie«, die man zum »Es« macht, geht die Geschichte nie gut aus.

21. Fisimatenten

Bestimmte Wörter beanspruchen eine ganz besondere Existenzform für sich. Sie existieren nur im Plural. Statt also, wie es bei verlässlichen, bürgerlichen Wörtern wie »Erdbeere« der Fall ist, zwischen den Optionen »eins« und »viele« zu unterscheiden, also zwischen Erdbeere und Erdbeeren, Einzahl und Mehrzahl, wie es der Natur der zählbaren Dinge entspricht, verweigern sie sich einfach und pfeifen auf den Singular. Sie machen Fisimatenten. »Eingeweide«, »Unbilden« und »Spesen« gehören dazu. Oder, umgekehrt – versuchen Sie mal, sich eine Einkunft vorzustellen oder eine Ferie, einen Umschweif oder eine Pyrenäe. Man ist geneigt, eine Art von Querulantentum dahinter zu vermuten, und in der Tat, es klingt ganz ähnlich: Nur nennt man es Pluraletantum.

Die Fisimatenten gehören auch gleich selbst mit dazu. Gemäß der Maxime, dass ein Ärgernis nur selten allein kommt, treten die Fisimatenten nur als Gruppe auf. Eine einzelne Fisimatente gibt es nicht, und auch sonst versucht das Wort einiges, um aufzufallen. Obwohl es jeder kennt und um seine Bedeutung weiß, die zwischen Flausen, Ausflüchten und Sperenzchen oszilliert, hat es sich im Gegensatz zu vielen Mitwörtern eine gewisse Exotik bewahrt. »Fisimatenten« – das klingt nicht nach den gewohnten Buchstabenkombinationen der deutschen Sprache, nach »Brille« oder nach »Bürgersteig«. Vielmehr lässt der Wortanfang an das gleichlautende Adjektiv »fies« denken. Dabei hat beides nichts miteinander zu tun. Ein Wunder ist es trotzdem, dass die Rechtschreibkommission, die das Rechthaben gleich schon im Namen gebunkert hat, nicht auch noch auf den Gedanken verfallen ist, die »Fisimatenten« in »Fiesimatenten« umzubuchstabieren. Die beiden »t« in der zweiten Worthälfte blieben in jedem Fall davon unberührt. Sie geben durch den leicht verzögerten Zungenschlag am Gaumen den Fisimatenten etwas Schnippisches.

Wahrscheinlich stammen die Fisimatenten aus dem Mittelalter und sind, was angesichts der damaligen Folterpraktiken wenig erstaunt, eine Streckform – und zwar von »fisiment«, so nannte man bedeutungslosen Zierrat an Wappen. Wer also sein Wappen mit immer neuen Figuren und Schnörkeln verschönern wollte, kümmerte sich um Dinge, die so überflüssig sind wie die meisten Ärgernisse. Diese Herkunftsgeschichte gilt zwar als gesichert, ist aber so langweilig, dass eine hartgesottene Fisimatenten-Lobby längst eine aufregende andere Biographie erfunden hat. Demnach stammen die Fisimatenten aus der Zeit, als Deutschland von den napoleonischen Truppen besetzt war und die Soldaten immer wieder Mädchen in ihre Zelte locken wollten. »Visite ma tente!«, lautete der Ruf, und besorgte Eltern griffen ihn auf: »Mach bloß keine Fisi ma tenten.« Man ahnt ja, wie das ausgegangen ist. Ob Einzahl oder Mehrzahl, die Verführer sind immer in der Überzahl.

22. Fremdenzimmer

Das typische Fremdenzimmer hat noch immer einiges mit jener Unterkunft gemein, die Heinrich von Kleist in seiner Gespenstererzählung *Das Bettelweib von Locarno* beschreibt: Dort liegt das von ihm so genannte »Fremdenzimmer« in einem Schloss, das seine besten Tage hinter sich hat, und als eines Tages eine kranke Alte an der Pforte bettelt, wird sie dorthin verfrachtet, »auf Stroh, das man ihr unterschüttete«.

Hier soll keine Sprachhygiene betrieben werden, trotzdem: »Fremdenzimmer« hört sich an, als sei länger nicht gelüftet worden. Es steckt schon im Wort selbst, dass das Fremdenzimmer nicht unbedingt schön ist. Es ist ja auch nur für Fremde. Statt Stroh gibt es heute Betten mit Kiefernholzfurnier, die Priorität aber scheint die gleiche zu sein: dass der Fremde ein Fremder bleibt, also nicht länger als nötig verweilt, und diesem Grundsatz gemäß sind die Zimmer meistens bestückt. Es sind »modern eingerichtete Zimmer« mit viel Messing und abenteuerlich gemusterten Bettbezügen. Eine Haltestelle für Handlungsreisende, mit Frühstück ab sechs Uhr, die schweigend Marmeladenpäckchen aufreißen und sich für die Fahrt noch ein paar Brötchen schmieren; ein Ort, »besonders geeignet für Messebesucher und Touristen«, wie ich einmal in einem Prospekt gelesen habe. Das Fremdenzimmer ist nicht anheimelnd, sondern die Traurigkeit, als Zimmer betrachtet, weswegen man bei ähnlich gerichteten Wörtern »Fremde« lieber durch »Gäste« ersetzt: Ins »Gästebuch« schreibt man genau deshalb, weil man kein Fremder geblieben ist, sondern durch seine Unterschrift zu einem Gast wird, an den man sich gern erinnert. Nur beim »Gästeklo« würde »Fremdenklo« besser passen, denn es ist noch unwirtlicher als ein Fremdenzimmer. Weil im Winter meistens die Heizung auf null steht.

23. *Freude*

Die Freude ist ein Gefühl. Sie schleicht nicht, sie kriecht nicht – die Freude eilt, wenn sie zu uns kommt. Diese Wahrheit ist dem Wort nach wie vor eingeschrieben: Die heutige Bedeutung der Freude im Sinne eines Heiter- und Vergnügtseins hat sich über »erregt, bewegt« aus »lebhaft, schnell« entwickelt. Auf einmal ist die Freude da. Sie überkommt einen, sie breitet sich aus, sie ist mit dem Lebendigen verschwistert, und wenn man den Dichtern glaubt, ist Freude das mächtigste aller Naturprinzipien und die Essenz allen Lebens.

Der »schöne Götterfunken« steht im Gegensatz zu den gern als dunkel bezeichneten Gefühlen, zu Ärger, Angst und Trauer, zu Griesgrämigkeit und Jammer. Freude ist Frohsein, und wenn sie auch irgendwo in jenem Dreieck anzusiedeln ist, das sich zwischen Lust, Vergnügen und Glück aufspannt, so sollte man sie auf keinen Fall mit Spaß verwechseln. Zwar scheinen beide Begriffe etwas Ähnliches zu benennen – in Wirklichkeit aber verhält sich Freude zu Spaß wie ein Schnitzel zu einem Hamburger. Das Schnitzel verschafft allein schon durch seine Größe eine Befriedigung, die nicht sofort an ein zweites denken lässt; ein Hamburger dagegen, kaum ist er verschlungen, macht nur Appetit auf den nächsten. Freude erfüllt, Spaß macht gierig, weshalb sich umgangssprachlich vermutlich auch die Wendung durchgesetzt hat: »Ich freue mich wie ein Schnitzel« und nicht etwa »wie ein Hamburger«.

Wenn heute wieder von Freude geredet wird, ist meistens Spaß gemeint. Besonders im Zusammenhang mit Arbeit ist der Begriff in den letzten Jahren immer häufiger aufgetaucht, und das, obwohl sich die Spaßfraktion der New Economy längst abgemeldet hat, der Casual Friday weitgehend auf dem Rückzug und Duzen wieder eine rein Berliner Angelegenheit geworden ist. Was jedoch blieb, waren neue Ansprüche, die man auf einmal an die Arbeit stellte: Während Generationen sie nur als Mühsal erlebten, sollte sie auf einmal Freude, sie sollte Spaß machen. Es ist nur eine Frage der Zeit, wann der erste Arbeitsplatz im Schlachthof mit Verweis auf »Selbstverwirklichung« und »Freude an der Arbeit« beworben wird. Spaß, Erfüllung, Selbstverwirklichung – all dies sind heute selbstverständliche Bedürfnisse. Auch wenn sie mit Freude nicht unbedingt etwas zu tun haben.

Denn die richtige, die echte Freude ist womöglich jenes Gefühl, das der Mensch bei seiner tatsächlichen Selbstverwirklichung verspürt. Und das ist eine Vermutung, wie sie radikaler nicht sein könnte. Denn Freude als das Glück, sich selbst zu erkennen und zu verwirklichen, trotz aller Schwierigkeiten auf dem Weg dahin, trotz gelegentlichen Mangels ausgerechnet an Vergnügen – auf die Spitze getrieben heißt das: Gerade auch wenn das Leben anstrengend ist, kann man Erfüllung finden. Ein ganzes Schnitzel zu verdrücken ist auch nicht gerade einfach.

24. Frucht

Am 20. September 1863 starb der Märchensammler und Wörterforscher Jacob Grimm. Er wurde in einem Ehrengrab auf dem alten St.-Matthäus-Kirchhof in Berlin begraben. Sein wahres Grabmal aber steht in einem Wörterbuch, zugedeckt mit Buchstaben ruht er dort. Sie lauten F-r-u-c-h-t.

Das deutsche »Frucht« geht auf das lateinische »fructus« zurück. Ambitionen, als Grabstein auf sich aufmerksam zu machen, hatte das Wort ursprünglich nicht. Doch dass es so weit gekommen ist, passt zu der Geltungssucht von »Frucht«. Was das Wort bezeichnet, hat oft in den Zeitenlauf eingegriffen und sich seinen Platz in der Geschichte gesichert. Die Frucht hat es zu verantworten, dass sich in entscheidenden Momenten die Weltgeschichte weiterdreht. Sie glauben das nicht?

Es fängt an mit dem Früchtchen unter den Früchten, dem Apfel. Hätten die Menschen nicht davon probiert, sie würden noch immer im Paradies leben und nackt herumlaufen. Ein Apfel war es auch, der Isaac Newton auf den Kopf fiel und ihn auf die Schwerkraft hinwies, ein subtiler Wink der Vorsehung und zugleich Wendepunkt in der Geschichte der modernen Wissenschaft. Ebenso wäre ohne Frucht die Fruchtfliege undenkbar, die bei der Entschlüsselung des Genoms eine so entscheidende Rolle gespielt hat. Und auch im Slapstick haben die Überreste einer Frucht – die Rede ist von der Bananenschale – den Plot manches Mal weitergetrieben. Nur hat man zu »Frucht« lange nicht »Frucht« gesagt. Viele europäische Völker weigerten sich, das lateinische »fructus« zu übernehmen, obwohl anzunehmen ist, dass sie es schon einige Zeit kannten: Vor allem in biblischen Bezügen kam das Wort oft vor. Insofern ist das Ringen um »fructus« und seine Ableger auch ein Ringen um die Sprachhoheit gewesen. Die Goten versuchten, den Römern mit »akran« standzuhalten; die Angelsachsen behielten lange »västm« bei, bevor es dem romanischen »fruit« wich; die Slawen bleiben bei »plod«, und auch das dänische »frugt« ist erst späten Ursprungs. Der Übergang zu »Frucht« war eine Kapitulation.

Jacob Grimm hat diese Geschichte für sein Wörterbuch erforscht. Vielleicht lag es an seinem Alter, das ihn mürbe machte; vielleicht waren es die Abenteuer von »Frucht«, die ihn über die Maßen aufregten: Er hatte sich gerade über den Eintrag »Frucht« gebeugt, als sein Herz versagte. Mit einem Sternchen ist die Stelle bis heute markiert. »Mit diesem Worte sollte Jacob Grimm seine Feder von dem Werke leider für immer niederlegen«, hat sein Nachfolger Weigand dort notiert, bevor er den nächsten Eintrag verfasste: »Fruchtabgabe« – zum Glück ein total langweiliges Wort.

25. funzen

Die schlimmste Rechtschreibreform findet im Internet statt. Davon kann sich jeder überzeugen, der sich in ein Forum abseilt, um beim trüben Licht seines flackernden Monitors Trost und Belehrung zu finden, zum Beispiel, wenn es mal wieder nicht klappt mit der drahtlosen Verbindung. Dort unten, im Abgrund des Netzes, kann man jene Dramen mitverfolgen, die sich immer nur um eines drehen: ob es »funzt« oder ob es nicht »funzt«. Das nämlich ist alles, was vom ursprünglichen »funktionieren« übrig geblieben ist: abgenagt bis auf die Knochen.

Die Frage ist natürlich, ob man so einen Buchstabenhaufen nicht einfach in den Tiefen des Internets ruhen lassen und ihn überhaupt als Wort ernst nehmen sollte, wie man ja auch immer wieder diskutiert, ob man über die NPD schreiben oder es lieber bleiben lassen sollte. Die andere Möglichkeit ist: die Gänsefüßchen wieder hervorzuholen, mit denen die Springerpresse jahrzehntelang die DDR als »DDR« apostrophierte; ein kleiner, wirksamer Trick, der zwar aus einer als »Sauna« bezeichneten Sauna sofort einen Swingerclub macht, sonst aber alles etwas kleiner und niedlicher zaubert. Beim Funzen wird das nicht helfen. Gerade, wenn es funzt wie geschmiert – das klingt so schmierig, dass man es nicht mal mit spitzen Fingern, geschweige denn mit Gänsefüßchen anfassen mag. Also bitte: Totalboykott. Und bloß nicht in den Landtag wählen.

26. gehabt

Zu einiger Aufmerksamkeit, ja zu trauriger Berühmtheit hat es »gehabt« nur in seiner abgekürzten Form gebracht, als Geplapper eines Kleinkindes. »habt«, sagt der kleine Nepomuk Schneidewein, sobald er etwas nicht mehr möchte. Er taucht am Ende von Thomas Manns *Dr. Faustus* auf, und das Kind, das den mit dem Teufel paktierenden Komponisten Leverkühn noch einmal rührt, seine letzte Liebe, es muss vor seinen Augen an den Folgen der Masern sterben: »Er sagte ›habt‹ zu allem, was man ihm anbot, zu Nahrung, zum Spielen, zum Bilderbesehen, zum Märchenhören, ›habt!‹ sagte er, das Mienchen schmerzlich verzogen, und wandte sich ab.«

Ansonsten ist es ja eher untypisch, dass ein Gehabt allein steht; im Gegenteil. Wenden wir uns dem Getriebe der Sprache zu, schauen wir dahin, wo es ächzt. Gehabt gehört zu den Wörtern, die den Satzbau schultern müssen. Es muss besonders belastbar sein: als Hilfsverb. Und sich beugen bis zum Bandscheibenvorfall: als Partizip. Trotz seiner Unentbehrlichkeit ist es doppelt abhängig. Es kann weder allein stehen noch seine Form verändern, und damit es am Satzgeschehen teilnehmen kann, ist es auf »haben« in allen seinen Formen angewiesen: Erst in einer Wendung wie »ich habe gehabt« bekommt es seinen Sinn. Zugleich verweist es auf eine Satzstruktur, die man sonst nur von Indianersprachen kennt, denn sobald ein Einschub wie »eine das Drama des Leverkühn aufs Herzzerreißendste vollendende Idee« dazwischenrückt, kann der Abstand von »ich habe« und »gehabt« recht groß werden – ein Merkmal, das man sonst vor allem den sogenannten Eingeborenensprachen wie Irokesisch und Inuktitut zuschreibt.

Wilhelm von Humboldt hat diese Spracheigenschaft, mit der sich ein Satzteil einen anderen einverleiben kann, »polysynthetisch« genannt. Während sich in den Indianersprachen dann zum Beispiel ein Wort öffnet und alles an Eigenschaften hineingestopft wird wie in einen Koffer, bis am Ende ein einziges, berstendes Vierzigbuchstabenwort dasteht, hat das Deutsche zumindest polysynthetische Züge. Nicht umsonst ist es berühmt für seine Schachtelsätze, Expeditionen ins Bodenlose, die mit einem schlichten »ich habe« beginnen können und erst viele, viele Zeilen später, wenn man Glück hat, beim »gehabt« enden. Ganz groß darin auch Thomas Mann, der das »gehabt« geliebt haben muss. Im Hauptsatz wird eine Nebensatzschachtel verstaut, darin die nächste und so fort, und wenn man aus dem Innern aller Schachteln wieder aufsteigen möchte, muss man wieder durch alle Ebenen hindurch. So entsteht sprachlich etwas, was man sich grafisch als umgedrehte Stufenpyramide vorstellen kann, wie bei den Indianern: auch das ein Indiz dafür, dass Karl May recht hatte. Dass Old Shatterhand immer der bessere Winnetou war und Thomas Mann ein großer Zaubermann, und dass das Deutsche in Wirklichkeit eine Eingeborenensprache ist.

27. gelaunt

Ein eigenartiges Wort ist »gelaunt«, auch wenn es zunächst nicht danach aussieht: Immerhin handelt es sich um ein durchaus bodenständiges Partizip II, ohne Schnickschnack und Sperenzchen, und selten ist es auch nicht. Doch etwas scheint zu fehlen, wenn es dasteht, ohne Zusatz. Denn gelaunt ist man immer irgendwie, im Deutschland dieser Tage vor allem blendend, und das, worauf es also ankommt bei der Laune, steckt im Wort selbst nicht drin. Ist sie gut, die Laune? Oder schlecht? Ist sie gar eine Weltmeisterlaune? Oder handelt es sich um eine Laune der Natur?

Nach Ansicht mittelalterlicher Astrologen hing die Gemütsverfassung des Menschen vom Mond und seinen Phasen ab. Lange bevor die heutige »Laune« mitsamt Gelauntsein entstand, entlehnte man im 13. Jahrhundert »lūne« aus dem lateinischen »luna«. Das mittelhochdeutsche Wort bedeutete sowohl »Mondphase« und »Mondwechsel« als auch »Stimmung«, da man sich die wechselnden Gemütszustände als dem Mondlauf unterworfen dachte. Der Mensch, umtost von den Gezeiten des Glücks, abhängig vom Mann im Mond: Dazu passt auch die im Altertum verbreitete Vorstellung, das Glück sei am besten durch ein Rad oder eine Scheibe dargestellt. Warum also nicht jene nehmen, die Nacht für Nacht am Himmel hängt?

Ein bisschen mehr Glück hätte jedenfalls dem Gelaunt ganz gutgetan, denn hinter seiner Unauffälligkeit – als Partizip viel zu normal, zu sehr Standardkonjugation – verbirgt sich eine Familientragödie. Das Gelaunt ist das Letzte seiner Art. Als Partizip ist es vorbildlich regelmäßig von der Stammform »launen« abgeleitet. »Launen«? Genau das ist das Problem. »Launen« kennt man als Mehrzahl von »Laune«, aber nicht als Verb. »Launen« bedeutete: »murren«, »knurren«, »schlechte Laune haben«, aber dieses miesepetrige »launen« ist mit all seinen Beugungen ausgestorben, versickert, eine ganze Verbdynastie untergegangen mit dem 16. Jahrhundert. Vergangen sind die Zeiten, als man Verse wie »Wer kann launen, wenn der Freund / wie die milde Sonne scheint?« bog, und übrig blieb das einsamste und daher wohl am schlechtesten gelaunte Partizip der Welt. Als Hanno Buddenbrook unter den Wörtern fristet es nun sein Dasein, beschienen von einem Mond, der gerade abnehmend im dritten Viertel steht.

28. Generation

Das Säugetier mit der höchsten Inzestrate ist der Nacktmull. Er hat eine rosig-kahle, faltige Haut und überdimensionierte Schneidezähne. In jeder Kolonie gibt es nur ein einziges fruchtbares Weibchen, das von den Männchen dann sowieso angehimmelt wird. Mit denen zeugt es Söhne, mit den Söhnen neue Söhne, die zugleich seine Enkel sind, mit diesen wiederum Urenkel, die aber ebenfalls Söhne sind, und irgendwann verliert man die Übersicht. Mitten in diesem genetischen Tohuwabohu büßt der Begriff »Generation« seinen ursprünglichen Sinn ein.

»Generation« ist aus dem lateinischen »generātio« entlehnt. Das bedeutet nicht nur »Zeugungskraft«, sondern auch »Nachkommenschaft«, wobei im Wortbestandteil »nach« der entscheidende Hinweis steckt: Es geht bei Generation weniger um ein Durch-, Über- und Untereinander wie beim Nacktmull, sondern um ein ordentlich aufgefädeltes *Nach*einander. Eine Generation bedingt die nächste. Als wichtigstes Gesetz der erfahrbaren Welt ist das Prinzip von Ursache und Wirkung dem Wort selbst eingeschrieben: Es definiert die Geschlechterfolge als Chronologie.

Die Frage ist, was passiert, wenn die Ordnung zerstört wird. Denn für das Individuum sind die Generationen mehr als nur Ordnung, sie sind sein Halt und seine Rechtfertigung:

Als genetischer State of the Art thront es an der Spitze einer Generationenpyramide, die eine unermesslich breite Basis hat. Weil sich bei jeder Generationsstufe die Zahl der Ahnen verdoppelt – von zwei Eltern zu vier Großeltern und acht Urgroßeltern –, erreicht man bereits in der 24. Vorgängergeneration die unfassbare Zahl von fast siebzehn Millionen Vorfahren. Es sei denn, die Pyramide wird zum Einsturz gebracht wie in Sophokles' *Ödipus*-Tragödie. Indem Ödipus durch die Heirat mit seiner Mutter gleichzeitig Vater und Sohn ist, vernichtet er die Chronologie und mit ihr die Individuation, denn alles, was ihn zu dem gemacht hat, was er ist, zerstört seine Tat.

Wäre Ödipus ein Nacktmull gewesen – die Geschichte hätte anders geendet. Auf jeden Fall glücklicher. Der Nacktmull pfeift auf Individuation. Vielleicht liegt hierin der Grund, warum so viele Menschen mit dem wurstähnlichen Tier sympathisieren und es heimlich beneiden: Es schert sich um Tabus genauso wenig wie um Schönheitsideale. Der Nacktmull verweigert sich dem Fluch der Individualität; er gehört damit zu den wenigen, die in einer Welt voller Wettbewerb nicht attraktiv sein wollen – weil er es nicht sein muss. Lebt er also inzestuös, weil er hässlich ist, oder ist er hässlich, weil er Inzest treibt? Diese letzte Frage bleibt. Wir wissen es nicht.

29. geschehen

Luigi Lucheni war ein kleiner, untersetzter Italiener, der seinen Schnauzbart kurz hielt. Vor allem aber war Luigi Lucheni ein Mörder. Zum Zeitpunkt des Mordes, den wir hier zu rekonstruieren versuchen, kannte er kaum ein Wort Deutsch; er sprach Italienisch und Französisch, weil er in Paris bei verschiedenen Pflegefamilien aufgewachsen war. Umso erstaunlicher ist es, dass sein Leben auf immer mit der deutschen Verbform »geschehen« verknüpft ist.

Vom Ende aus betrachtet, gibt es kaum ein Wort, das so endgültig ist, von der Form und vom Inhalt her. Aber wie sollte das Luigi Lucheni auch ahnen. Schon als Partizip Perfekt inkorporiert das Geschehen, dass etwas unwiderruflich vorbei ist: Geschehen ist geschehen. Man kann ihm zwar zugutehalten, dass es auf seine tragische Rolle gar nicht vorbereitet war. Als substantiviertes Geschehen mischte es aber schon immer mit, wenn sich die Ereignisse überstürzten. Es ist Spätsommer in Genf, und aus dem Hotel Beau Rivage tritt eine ältere Dame mit der Figur eines Mädchens. Ihre Taille ist spektakulär. Sie muss einmal sehr schön gewesen sein. Lucheni, der fünfundzwanzig Jahre alt ist, hat keine Augen für so etwas, er ist nervös, weil die Dame begleitet wird, offenbar von einer Dienerin. Schon eine Weile hatte er sich vor dem Hoteleingang herumgedrückt, eine Feile in der Tasche, die er am Tag zuvor angespitzt hatte. Er hatte dabei an sein zukünftiges Opfer gedacht, den Prinzen Henri Philippe d'Orléans, er schürte seinen Hass auf die Aristokratie und schwor, ein Märtyrer unter den Anarchisten zu werden. Es war ein Schock, als er in der Zeitung las, dass der Prinz seinen Besuch im letzten Moment abgesagt hatte. Dafür entdeckte Lucheni einen anderen Namen. Eine »Gräfin von Hohenembs« war im Hotel abgestiegen. Und Lucheni, der Mörder, der nicht wusste, wer hinter diesem Pseudonym steckte, wollte seine Feile nicht umsonst angespitzt haben.

Kaiserin Sisi, die erste Königin der Herzen, tritt aus dem Hotel, hinter ihr eine Zofe. Sie ist incognito unterwegs, und bis zur Anlegestelle am See ist es nicht weit. Auf einmal stürzt sich ein kleiner, untersetzter Mann auf sie. Sie spürt Faustschläge in der Herzgegend, das sagt sie zumindest ihrer Zofe, als der Spuk vorbei und der Rüpel wieder verschwunden ist, aber dass in ihrer Brust Einstiche sind, merkt keiner, dafür sind sie zu klein. In den darauffolgenden zwei Stunden fällt sie mehrmals in Ohnmacht, bevor sie auf dem Schiff nach Caux stirbt. Ihre letzten Worte sind: »Was ist geschehen?« Es ist mysteriös, dass das Sterbenswörtchen »geschehen« in seiner Inkarnation als englisches Wort auch die zweite Königin der Herzen begleitet hat, Lady Di, als sie in einem Pariser Tunnel starb und dem Helfer Carlos Zaglia zuflüsterte: Was ist geschehen?

Über das letzte Wort von Luigi Lucheni, der klein und untersetzt und ein Mörder war, ist übrigens nichts bekannt. Er hängte sich am 19. Oktober 1910 in der Zelle 95 des Genfer Gefängnisses mit einem Gürtel auf.

30. *Hass*

Der Hass ist so alt wie die Sprache selbst. Es ist ein machtvolles Wort, von manchen wird es deshalb vermieden. Ähnlich wie Lord Voldemort in den Geschichten um Harry Potter von einigen nur Du-weißt-schon-wer genannt wird, weil er das Unaussprechliche verkörpert, ist der Hass das Du-weißt-schon-was unter den Wörtern. Was es beschreibt, ist jedem bekannt und überall präsent. Im Wort selbst ist diese Präsenz auf fast unerträgliche Weise gebündelt. Es glänzt wie eine Klinge.

»Hass« macht einen langen und tiefen Schnitt. Phonetisch allein schon deshalb, weil der Endlaut nicht stimmhaft ist wie das weiche »s« in »summen« oder »Hase«, sondern so hart, dass er beim Aussprechen ein körperliches Unbehagen hervorruft. Man spürt sofort die Wildheit, die in dem Wort lauert, etwas radikal Verneinendes und Subversives, die Aufhebung aller Grenzen und Verbote. Das Zischen erfüllt die Luft, und man glaubt es selbst dann noch zu hören, wenn der Laut in Wirklichkeit längst verklungen ist.

Schon vor der Rechtschreibreform hat es das Wort in der Schreibweise mit »ss« gegeben. Das sonst geläufige »ß« am Wortende galt nur für den Lauftext mit gemischter Groß- und Kleinschreibung, es wirkte ein wenig rostig, antiquiert, es war wie der misslingende Versuch einer Zähmung, und eine Regel warnte: »Ss am Schluss bringt Verdruss.« Da es das »ß« als Großbuchstabe aber nicht gibt, wurde der laute Hass, der aus Krawallbuchstaben gebildete HASS, immer mit dem Doppelkonsonanten »s« geschrieben. Die Wirkung ist enorm. Es ist, als habe man den Rost auf der Klinge einfach wegpoliert, als fielen die letzten Barrieren: Das Doppel-S hat etwas sehr Aggressives, es erinnert an zwei gleichförmig ausgerichtete Haken, an eine Aufstellung in Reih und Glied. Die Nazi-Kalligraphie hat diesen Effekt verstärkt. In den Runen »SS« war gleichsam die Essenz des Hasses zu finden, eingedampft und dann kondensiert, in Form zweier Buchstaben.

So lächerlich es ist, Ballerfilmchen mit dem Beiwort »Hass« zu dramatisieren, so gefährlich ist es, statt »Hass« »Abneigung« oder – wie die Bush-Vertraute Karen Hughes, die gern rosa trägt – »Besorgnis« zu sagen und die zerstörerische Wucht des Wortes zu ignorieren. Im Gedächtnis der Sprache ist sie jedoch bewahrt. Das vom althochdeutschen Substantiv »haz« abgeleitete Verb »hazzēn« hatte lange Zeit nicht nur die Bedeutung von »Groll hegen«, sondern auch die von »hetzen« und »verfolgen«. Die einstigen Sprecher wussten um das Wesen des Hasses: Hassen erlaubt keine Distanz, hassen beansprucht das Immer als Zeitform. Im Hass ist die Auslöschung immer präsent.

31. *heute*

Wenn etwas schiefläuft, wird man gern darauf hingewiesen, dass »morgen auch noch ein Tag« sei; ein Tag also, an dem die Dinge wieder besser laufen könnten – ein Tag namens »morgen«. Das ist nicht ganz falsch. Nur wird es das Morgen nie geben. Sobald es angefangen hat, ist es bereits ein Heute. Und das Heute? Es entschlüpft ebenfalls, sobald man danach greift; es verwandelt sich in etwas anderes, ins Gestern.

Im Heute steckt das Geheimnis einer ständigen Metamorphose. Das Zeitadverb ist – womöglich einst dem lateinischen »hodie« entlehnt – aus dem althochdeutschen »hiu tagu« entstanden, was »an diesem Tage« heißt. Doch während andere Wörter an den ihnen entsprechenden Gegenständen kleben, ist das Heute nicht zu fassen, es ist ein unmögliches Objekt: Es bezeichnet den Einzelfall des heutigen Tages – und steht zugleich für alle Heute, die es je gegeben hat, so unterschiedlich sie auch sein mochten. Viele haben versucht, das rätselhafte Wort festzuhalten. Der Dichter Jens Baggesen, Sohn des Wegewärters Bagge Baggesen, hat dem Heute aufgelauert und kam zu der erstaunlichen Erkenntnis:

Heut ist offenbar
Was gestern morgen war

Die Abfolge des Unvermeidlichen ist Thema des Filmes *Und täglich grüßt das Murmeltier.* In Wirklichkeit ist man aber wie der Held in einer Zeitschleife gefangen: Man erlebt ein und denselben Tag immer wieder aufs Neue. Täglich ist heute.

Man muss sich nur einmal die Nachrichten anschauen. Dort versucht man der hochflüchtigen Angelegenheit mit Beschwörungen beizukommen. Schon das Erkennungsgepiepse der gleichnamigen ZDF-Sendung ist nichts anderes als ein gemorstes »heute«, und eine linguistische Analyse der Tagesschau hat vor allem eines gezeigt: dass sie mit den gleichen Worten stets das Gleiche sagt. Trumpf ist dabei das Wörtchen »heute«. Es gibt den Wert aktueller Nachrichten überhaupt erst vor, durch die überflüssige Versicherung, dass alles tatsächlich »heute« passiert sei. Jede Meldung enthält durchschnittlich einmal das Wort »heute«, das ist jedes 163. Wort – etwa dreizehnmal so viel wie sonst in schriftlichen Texten üblich; Mantras einmal ausgenommen.

Ich glaube, dass niemand die Natur des Heute besser verstanden hat als meine Großmutter – kein Dichter und kein Wegewärter, kein Nachrichtensprecher und kein Zen-Buddhist. Am Ende hatte sie Namen vergessen und Gesichter, aber was sie nie vergaß, war »heute«. In ihrem Wohnzimmer hing ein riesiger Kalender. Jedes Mal, wenn ein neuer Tag anbrach, schrieb sie »heute« in das entsprechende Kästchen. Und am Ende des Tages? Strich sie »heute« wieder durch. Was blieb, war eine Chronik der Gegenwart: dreißig oder einunddreißig Heute, eines wie das andere, jedes sauber durchgestrichen. Die Zeit ist eine ordnende Täuschung des Verstandes. Meine Großmutter ist nie darauf hereingefallen.

32. *Kita*

Die Beliebtheit von »Kita« ist mir ein Rätsel. Wenn man die Frage, ob das überhaupt ein Wort ist, mal mit ja beantwortet, stellt sich die nächste Frage: Warum sagt man nicht mehr Kindergarten? Das immerhin ist ein Wort, das Bilder heraufziehen lässt von einer Idylle, in der Kinder wie Blumen gehegt werden und ab und zu etwas Unkraut gezupft wird. Es war eines der wenigen Wörter, die es hinaus in die Welt geschafft haben, wo man seine Kinder auch hegen und zupfen wollte. Bis dahin waren es meist militärische Wörter gewesen; ins Russische exportierten wir für jeden Feldzug Unverzichtbares, nämlich »Schlagbaum«, »Butterbrot«, »Blitzkrieg« und »Rucksack«. Die friedliche Nutzung der deutschen Sprache war eher uninteressant, bis »Kindergarten« kam. Nicht nur poetisch, sondern auch realistisch: Der Wortbestandteil »Garten« geht auf das gotische »garda« zurück, was nichts anderes als »Viehhürde« bedeutet. So ähnlich geht es in Kindergärten ja auch zu. Aber was soll bei solcher Unterbringung, wird sich der korrekte »Kita«-Schöpfer gesorgt haben, bloß aus dem Standort Deutschland werden?

Der Kindergarten als Wort überlebt also nur noch in Bananenrepubliken wie den USA. Kita dagegen tut so, als sei es den Anforderungen eines modernen, zukünftigen, pragmatischen, kurzum: eines reformierten Deutschlands gewachsen; in Wirklichkeit ist es die kleinkarierte Ausgeburt eines Beschreibungswahnsinns, der zwar alles ganz genau erfassen möchte: Kinder – tages – stätte, also ein Ort (Stätte), wo Wesen (Kinder) eine Zeit (Tag) verbringen, dann aber doch das Wesentliche aus dem Blick verliert: den Garten, die Blumen, das Harken. Und weil die Kindertagesstätte am Ende doch zu lang ist, dampft man sie wieder ein – zur »Kita«. Weswegen dem Wort dann doch etwas Militärisches anhaftet. Es passt gut in eine Reihe mit »Jabo« und »Admosa«, »Jagdbomber« und »Admiraloberstabsarzt«. Das Einzige, was für Kita spricht: Es ist sozialverträglich, weil auch für Leute zu buchstabieren, die sonst unter dem Pisa-Radar durchtauchen; und abgesehen davon, dass man es sich leicht merken kann, widersetzt es sich dem von Nichtmuttersprachlern immer wieder geäußerten Vorurteil, deutsche Wörter seien so unglaublich lang, unvorstellbar kompliziert und mit Bedeutung überfrachtet. Länger sei nur das Grönländische, das gedruckt so aussieht, als habe jemand versehentlich zu lange auf eine Computertaste gedrückt.

Wer nun dafür verantwortlich ist, wer die Kita im Kitafög (Kindertagesförderungsgesetz) verankert und in die Alltagssprache geschleust hat, das weiß ich nicht. Mir ist nur bekannt, dass es als Wort sonst nur noch im Indonesischen geschätzt wird. Das bedeutet dort allerdings »wir«. Die deutsche Kita wünsche ich mir auch dorthin – dahin nämlich, wo der Pfeffer wächst.

33. Kontext

Sinnlich war »Kontext« noch nie, weswegen Schriftsteller dieses Wort meiden. Aber Schriftsteller werden zum Glück auch dafür bezahlt, dass sie Texte schreiben und keine Kontexte, denn die würde keiner lesen wollen, und während sie also ein Gewebe herstellen, denn nichts anderes bedeutet das aus dem Lateinischen entlehnte »Text«, kommt der Kontext-Hersteller aus einer ganz anderen Ecke. Oder besser: der Kontext-Hineinsteller, der gern Sätze sagt wie: »Diese Platte ist mies, könnte aber im Clubkontext funktionieren.« Die Kontexte gab es ja immer schon, und die kreative Leistung besteht also darin, möglichst viele Kontexte zu kennen, in die man etwas hineinstellen kann wie in eine schöne Vitrine. »Pop – Wort und Musik«, so hieß einmal eine Veranstaltung auf dem Deutschen Germanistentag mit gleich zwei angekündigten Vitrinen, und das wiederum war wenig verwunderlich, denn genau bei solchen Veranstaltungen wird das K-Wort, neben anderen, gepflegt. Aber warum? Es ist ja nicht so, dass man keine Zusammenhänge bräuchte. Nur wird etwas Schlechtes durch einen neuen Kontext meist auch nicht besser. Vielmehr fördert die Betonung des Kontextes etwas waschküchenhaft Vernebeltes, das die Sache selbst unsichtbar macht zugunsten einer Betonung der eigenen Durchsicht. Angesichts der Häufigkeit von

»Kontext« stellt sich daher die Frage nach dem Kontext von Kontext. Wahrscheinlich bekommt man als Theoretiker von seinen Kollegen nur dann Respekt, wenn man es auf eine gewisse »Kontext«-sag-Dichte bringt. Darin ähneln sich Theorie und Praxis dann doch ein wenig. Jeder hat so sein Wort: Nur was beim Poptheoretiker der »Kontext« ist, sind in der Rapper-Praxis halt die »bitches«.

34. lecker

Vor einiger Zeit war es sogar der *Bunten* zu viel. In der wöchentlichen Out-Liste tauchte zum ersten Mal ein Wort auf, »lecker«, gefolgt von der Frage »Warum sprechen wir so armselig?«. Was das über die Verzweiflung aussagt, die mit dem Vormarsch und der ungehemmten Verbreitung des Wortes »lecker« einhergeht, ahnt man bereits, denn schlimm steht es, wenn die *Bunte* die Sprache retten muss. Und tatsächlich: Es sieht nicht gut aus.

»Lecker« drängt in den Alltag wie sonst nur holländische Fleischtomaten in die Supermärkte. Das Wort wirkt prall, hat aber in den letzten Jahren an Geschmack verloren, wenn er denn nicht ganz herausgemendelt wurde: Inzwischen ist alles lecker. Es ist die Einheitsformel, die in ihrer Beliebtheit und Beliebigkeit nur noch von »billig« übertroffen wird und von »geil«, ein Notfallvokabular, das man so vielfältig einsetzen kann wie ein Breitbandantibiotikum, und jeder weiß, was gemeint ist. Geil – billig – lecker: Ein Triumvirat, wie es sonst nur noch Telekom – Post – Bahn bilden, die auf eine ähnlich seltsame Weise verschwistert sind.

Im Wortsinn bedeutet das Adjektiv, was zu lecken, was köstlich ist. In einer substantivierten Form bezeichnet »Lecker« in der Jägersprache noch immer die Zunge des Haarwildes. Während »lecker« einst nur ab und zu auftauchte, vor allem im Zusammenhang mit Süßigkeiten, hat sich mittlerweile eine Genussfloskel daraus entwickelt, die immer unerträglicher wird; ein Brei, der über die Dinge kriecht und alles mit der gleichen Schicht überzieht, das Bonbon genau wie den Schweinsbraten; und wenn wieder einer auf die Frage hin, wie das Essen so war, den Mund verzieht, um wie ein Automat ein »hmm« herauszupressen und ein »lecker« nachzuschieben, dann weiß ich immer nicht, welches von beiden Wörtern ich lieber zurückstopfen würde, am besten beide. Schlimmer ist nur, wenn analog zum Holländischen, wo »lekker« »angenehm« bedeutet, das Wort als Freund eingeladen wird und es seine holländische Bedeutung mitbringen darf: Auf einmal werden auch Dinge lecker, die nicht unbedingt essbar sind. Die kölschen »lecker Mädchen« gehen natürlich durch: Dafür sprechen Gewohnheitsrecht und Grenznähe. Aber inzwischen hält sich eine Supermarktkette für »lecker«, Katzennahrung wird sowieso damit beworben, und wenn ich nun noch »lecker leben« soll, dann sehne ich mich nach Askese. Ist zumindest geil. Und billig.

35. Mama

»Mama« führt uns zum Beginn des Menschseins zurück, sowohl den Einzelnen als auch die ganze Truppe, es führt zurück zu den ersten Artikulationen von Lauten: zum Lallen. Die Verdoppelung von Silben ist der Urgrund der Sprache. Es ist das Gegenteil vom Stottern, das nicht über eine Silbe hinauskommt, sondern an ihr hängen bleibt wie eine Nadel, die immer wieder aus der Rille der Schallplatte springt und daher den Laut wiederholen muss. Stottern ist Stolpern.

Das Lallen dagegen *will* wiederholen. Es ist als Schon-formulieren-Können eine Feier der Silbe, die bewusst aufs Neue wiederholt wird, um Land zu gewinnen. Im Wattenmeer der Sprache entstehen aus Silben Wörter, und die Grenze zwischen Laut und Wort ist noch nicht festzumachen. Bei »Mama« kann man der Sprache noch beim Werden zuschauen, die osmotischen Prozesse spüren, während »Mutter« bereits ganz auf dem Land und damit im Trockenen ist: ein Wort mit Form und Kontur, das seriös ist und auf das wischiwaschihafte Lallen gut verzichten kann; ein erwachsenes Wort, das auch aus »Muttertag« eine gediegene Veranstaltung macht. Die Erschaffung der Mutter als heiliges Wesen setzt die Abschaffung der konkreten Mama voraus, und kurz nach dem Krieg war es noch verbreitet, dass Kinder ihre

Mama auf einmal mit »Mutter« ansprechen mussten, sobald sie alt genug dafür waren. Der Weg von »Mama« zu »Mutter« war ein zivilisatorischer Akt. »Ma-maaa!« war ein Urschrei, »Mutter« eine Anrede.

Das Wort scheint es in fast allen Sprachen zu geben. Kaum eine Silbe ist einfacher hervorzubringen als »ma« durch das stimmhafte Öffnen des Mundes; es ist meistens die erste Silbe, die ein Kind sagen kann. Es gibt Theorien, dass »Mama« das Überbleibsel einer gemeinsamen Menschheitssprache ist; richtig ist sicherlich, dass die Verdoppelung von Silben ein Muster in vielen Sprachen ist. Das Mama-Prinzip steckt auch in »bye-bye«, »Couscous«, »Bonbon« oder »Tsetse-Fliege«; im Indonesischen werden aus einem »Guru«, Lehrer, »Guruguru«, viele Lehrer; ein Begriff, der durchaus für die Seriosität auch der verdoppelten Silben bürgen könnte. Doch dass aus »Mama« die »Mutter« werden musste; dass »Mamatag« statt »Muttertag« genauso undenkbar ist wie »Mamasprache« statt »Muttersprache«: Das verweist wiederum auf das Halbfeste und Schlüpfrige von »Mama«. Weil die Verdoppelung von Silben eben nicht nur an die Anfänge erinnert, sondern auch an Kontrollverlust. An Rausch, an Gaga, kurz: an alle Zustände, in denen man wieder lallt.

36. Mensch

Als der Sänger Herbert Grönemeyer sein Lied »Mensch« herausbrachte, das einen bis heute rührt, zählte er auf, was den Menschen ausmacht. Er reimte »liebt« auf »vergibt«, »glaubt« auf »vertraut«. Von »Mensch« ließ er Gott sei Dank die Finger. Damit umschiffte er eine Untiefe, die manchen Stegreifreimer schnell auflaufen lässt. Denn auf den Menschen kann man sich keinen Reim machen. Er ist ein mysteriöses Wesen, das noch immer nicht herausgefunden hat, woher es kommt, was es hier soll und wohin es geht. Er ist sich nur seines Zweifels sicher. Er hat viele erstaunliche Eigenschaften, und da eine von ihnen ist, sich für die Krone der Schöpfung zu halten, hat er dieses Prinzip der Einzigartigkeit auch in die Sprache transferiert: »Mensch« ist ein Wort, auf das sich tatsächlich nichts reimt.

»Was ist der Mensch?«, heißt die letzte und vierte Formulierung in Immanuel Kants berühmtem Fragenkatalog, womit er die Frage meinte, was der Mensch »als freihandelndes Wesen aus sich selber macht, oder machen kann und soll«. Das weiß er meist selber nicht, der Mensch, obwohl er Zeit genug zum Nachdenken gehabt hat. »Mensch« ist ein Wort, das es von Anfang an gegeben hat. Seit ein Wesen die Frage stellen kann: »Wer bin ich?«, und sich selbst daraufhin benennen kann: »homo«, »ànthropos«, »Adam«. Übersetzt man die Namen der verschiedensten ethnischen Gruppen, erkennt man den kleinsten gemeinsamen Nenner: »Mensch«. Nicht nur »Adam« heißt »Mensch«, auch das neukaledonische »Kanak«, die Inuit haben sich danach benannt genauso wie die ekuadorianischen Shuara-Indianer oder die Roma. In unserem Sprachbereich wurde »Mensch« als Substantiv nur im Nieder- und Hochdeutschen verwendet; im eigentlichen Sinn ist es ein Adjektiv, das als »männisch« von »Mann« abgeleitet ist. Während das altdeutsche Wort »mennisko« als Sammelbegriff nur die eine Hälfte der Menschheit mit einbezieht, erweitert sich die Bedeutung jedoch und beansprucht als universelles »mensche«, auch für die weibliche Hälfte zu sprechen. Nur in Hessen nicht; dort riefen Beamte im 16. Jahrhundert eine Art frühe Gleichberechtigungsstelle aus: Lange vor der Feminisierung der Sprache durch Binnen-»i« und der Geschlechtsumwandlung des Pronomens »man« in »frau« gesellten sie dem Menschen eine »Menschin« zu, so ist es in einigen Aktenstücken dokumentiert. »Menschinnen« leben sonst nur noch in einigen abgeschiedenen Tälern in Kärnten und Tirol; der Alleinvertretungsanspruch von »Mensch« für beide Geschlechter ist ansonsten unangefochten.

Die große Kant'sche Frage bleibt; die kleinere: Was reimt sich auf Mensch?, hat übrigens Peter Frankenfeld vor Jahren beantwortet. Auf Mensch reime sich natürlich »ensch«, sagte der Quizmaster mit den großkarierten Jacketts – das sei der mittlere Teil von »Lampenschirm«.

37. mögen

Das spanische Verb »querer« kann einen irritieren, wenn man mit Deutsch aufgewachsen ist, denn dieses Verb lässt sich mit Wollen und mit Mögen übersetzen. Was hat das miteinander zu tun? Im ersten Moment ist das eine seltsame Paarung; das eine Wort ist so fordernd und aktiv, das andere eher passiv, schicksalsergeben, und wer also den Ferienklassiker »Te quiero« leichtfertig mit »Ich mag dich« oder gar »Ich liebe dich« übersetzt, der macht womöglich einen Fehler: Das Mögen schleift im Spanischen immer schon das Wollen mit, die Besitzergreifung ist vorprogrammiert – so handhabt man das also da unten. Im Gegensatz zum Deutschen, wo Mögen und Wollen zweierlei ist.

Doch in Wirklichkeit hat das Mögen nie eine Unschuld gehabt, sie war immer trickreich verborgen, und als Goethe klagte: »Ich weiß nicht, was ich Anzügliches für die Menschen haben muss; es mögen mich ihrer so viele und hängen sich an mich«, so witterte er vielleicht die Gefahr des Mögens. Als sogenanntes Präterito-Präsens versucht es, seine enge sprachgeschichtliche Bindung an das Wort »Macht« zu kaschieren. Ja, richtig: Macht. Mögen ist nämlich aus der rein körperlichen Bedeutung von »Ich bin groß und kräftig geworden« entstanden, die weitergedriftet ist zu einem »Ich vermag«, und dass am Anfang des Mögens das körperliche

Erwachsensein und seine Leistungsfähigkeit stehen, die physische Macht, davon zeugt noch eine andere Wortcousine: die Magd. Erst das sehr körperliche Mögen ist später in den Sinn des Beliebens und Gernhabens übergegangen. Deswegen mag man, was man will. Und will natürlich, was man mag.

38. *Nase*

Ob sie es will oder nicht – die Nase ist ein Symbol für einen Kampf. Das wiederum hat mit einem Sprachverbesserer namens Johann Heinrich Campe zu tun, der, so geht die Legende, nichts anderes zu tun hatte, als statt »Nase« das Wort »Gesichtserker« vorzuschlagen, weil ihm »Nase« zu fremdartig war – »nas« kommt aus dem Sanskrit, einer Sprache im alten Indien, und das ist weit weg von Main und Münster.

Es hat schon viele Bestrebungen gegeben, die deutsche Sprache von Fremdwörtern zu säubern, und schon bei dieser Bezeichnung, »säubern«, drängen sich ganz andere Vergleiche auf. Wenn Wörter aus anderen Sprachen kommen, wird schnell von Überfremdung gesprochen oder gar davon, dass sie Bestehendes verdrängen. Es scheint eine Ersatzhandlung zu sein: Im 17. Jahrhundert versuchten Puristen, französische Lehnwörter auszurotten – die Sprache als letzte Bastion, als Preußen am Boden lag; und heute kondensieren sich Globalisierungsängste auch darin, dass die ins Deutsche schwappenden englischen Wörter gleich für eine Überschwemmung gehalten werden. Tatsächlich sinkt die Zahl der Fremdwörter. Zwar heißt es jetzt »Gate« statt »Flugsteig«; dafür ist etwa »Belletschier« weggefallen, eine gute Miene machen, wenn man lieber gequält dreinschauen möchte. Von den fünfhunderttausend Wörtern im Deutschen sind ein Viertel Fremdwörter, und den meisten merkt man das nicht an – »Käse« ist baskischen Ursprungs, »Fenster« lateinischen, und wenn man noch weiter geht, zu »Nase« etwa, stellt sich die Frage: Gibt es eine reine Sprache überhaupt? Deutsch als Schriftsprache mit eigenen Regelwerken gibt es erst seit dem 16. Jahrhundert. Was einen Barockgelehrten nicht daran gehindert hat zu behaupten, Gottes Wort, das bekanntlich am Anfang aller Schöpfung war, sei ein deutsches Wort gewesen. Mit diesem göttlichen Rückenwind erfand Johann Heinrich Campe dann ungefähr elftausend neue Wörter, darunter »Süßchen« für »Bonbon«, und Goethe regte sich auf: Die Gewalt einer Sprache sei eben nicht, dass sie das Fremde abweise, sondern dass sie es verschlinge. Bei »Gesichtserker« für »Nase« hatte sie zum Glück Verdauungsschwierigkeiten.

Dass dieses Wort von Campe stammt, ist übrigens nicht bewiesen. Wahrscheinlich hat jemand seinen Reinheitsfimmel verspottet. Es gibt aber noch eine andere Legende: dass Campes wirklicher Vorschlag »Schnauber« war.

39. Nasenbär

Dass Menschen sich gern Tiernamen geben, ist bekannt. Einer von ihnen ist »Nasenbär«, was auf den ersten Blick an Loriots »Schwanzhund« erinnert; ein Wort also, das beim Scrabbeln unweigerlich zu Streit führt. »Nasenbär«, scheinbar infantilen Ursprungs, muss sich als Bezeichnung einen Stall mit »Streithammel«, »Neidhammel« und »Schweinehund« teilen, und es ist eine alte Frage, ob solche Wörter eher den Menschen in seiner Würde verletzen, sobald er damit angeredet wird, oder doch vielmehr dem Ruf des Tieres schaden. Das ist nicht immer eindeutig zu entscheiden, zumal der verstorbene Robert Gernhardt in seinem Zyklus *Animalerotica* den Nasenbären wie folgt charakterisiert hat:

Der Nasenbär sprach zu der Bärin
»Ich will dich jetzt was Schönes lehren!«
Worauf er ihr ins Weiche griff
und dazu »La Paloma« pfiff.

Viele Leute reden sich inzwischen gern mit »du Nasenbär« an, aber nicht, um sich als lüstern zu bezeichnen. In den meisten Fällen wäre »du Depp« einfach treffender, und dass es sich bei den »du Nasenbär«-Sagern meistens um Programmierer handelt oder andere sonst wie mit dem Computer Verbandelte – an einer deutschen Universität heißt sogar die ganze Fachschaft Informatik so –, macht die Sache auch nicht besser. Die Sprache von Kindern und Informatikern hat genauso viele Parallelen, wie man denkt. Oder geht es hier in Wahrheit um die Knutisierung der Sprache, die Verplüschung des Umgangstons? »Ist doch egal«, höre ich einige von Ihnen sagen, »wer sich das gefallen lässt, ist selber schuld, und was die Tiere angeht: Dem Nasenbär kann es genauso egal sein wie seinem engsten Verwandten, dem Mausebär, denn diese Tiere gibt es ja gar nicht.«

Doch Vorsicht, unterschätzen Sie die Definitionsmacht der Sprache nicht. Noch nie etwas von der Steinlaus gehört? Im altehrwürdigen Pschyrembel, der so etwas wie Meyers Konversationslexikon ist, nur in der Medizin, wird dieses Tier beschrieben, das sich von achtundzwanzig Kilogramm Stein am Tag ernährt und seine Fraßspuren sowohl in der Chinesischen Mauer als auch in der Berliner Mauer hinterlassen hat, an deren Fall es übrigens nicht unerheblich beteiligt gewesen sein soll; der Pschyrembel jedenfalls will den Wert der Steinlaus für die Gallensteinbehandlung und die »nichtinvasive Zahnsteinentfernung« erkannt haben, und als die Redaktion eines Tages misstrauisch wurde, weil sie der lateinische Name »Petrophaga lorioti« doch sehr an Loriot erinnerte, und den Eintrag in der 257. Auflage strich, waren die Proteste so groß, dass das Fantasietier wieder seinen festen Eintrag auf Seite tausendsiebenhundertachtundzwanzig des Nachschlagewerkes bekam, zwischen »Steinkohlenteer« und »Stein-Leventhal-Syndrom«. Von dort aus hat es sich neue Bereiche erobert; längst ist es lebendig geworden: »Du Steinlaus« hört man mittlerweile ebenfalls als Anrede, immer dann, wenn »du ekliger Depp« gemeint ist. Das könnte man, siehe oben, auch mit »du ekliger Nasenbär« übersetzen.

Wer nun aber glaubt, dass Steinlaus und Nasenbär in Wirklichkeit das Gleiche sind, täuscht sich. Den Nasenbär, *nasus nasus*, gibt es nämlich wirklich.

40. nein

Wenn es einen auf eine einsame Insel verschlägt, darf man normalerweise drei Gegenstände mitnehmen. Welche drei Wörter würde man dabeihaben? Oder anders: Braucht man überhaupt drei?

Ein mir unbekannter Dichter hat argumentiert, dass zwei ausreichten: das »ja« und das »nein«.

Ja, heißt das eine Wörtchen,
das andere heißet nein,
die beiden Wörtchen schließen
die ganze Welt mir ein.

Wie sich Ja und Nein aber nun die Weltherrschaft unter sich aufteilen, ob fifty-fifty oder herr-knecht, darüber hat er nichts gesagt. Ja-nein gehört zu den Zwillingspaaren der Sprache. Das eine hat das andere im Schlepptau, und trifft das Ja nicht zu, gilt automatisch das Nein. Dabei ist Letzteres so etwas wie das Kleine Schwarze der Sprache: Es passt bei den meisten Anlässen und kleidet besser als ein Ja, weshalb die Psychologen-Forderung »Sagen Sie doch einfach mal nein« auch ein ästhetisches Gebot ist. Ja-Sagen gilt als Schwäche, und so hat Thomas Bernhard den Titel *Ja* ausgerechnet einem Prosastück verpasst, in dem sich eine Frau umbringt, und in

Brechts Stück *Die Jasager* geht es um Menschen, die man sich mit einem »nein!« am liebsten vom Leib halten würde. Das Nein grenzt ab, schafft Konturen und hebt so die Persönlichkeit hervor: als Summe dessen, was man nicht macht, nicht denkt, nicht ist, nicht mitmacht, im Gegensatz zu den anderen. Dadurch wird es auch zu einem moralischen und extrem individualistischen Wort, das das Ich betont und Ratgeber hervorbringt, die *Nein! Ich will keinen Seniorenteller* heißen oder *Nein sagen ohne Schuldgefühle*.

Dabei ist »nein« alles andere als unabhängig; es ist selbst eine Verneinung. Die Wörtchen »ni« und »ein« sind darin zusammengezogen, sie bedeuten »nicht eins«. Man sieht daran zugleich, dass die Macht des Neins die Macht der Vernichtung ist. Statt wirklich etwas zu schaffen, löst es Möglichkeiten auf. Sie werden zu etwas, was dem Nein nahesteht: zu nichts. Bei »Nein! Ich will keinen Seniorenteller« bringt sich der folgsame Leser eigentlich nur um die Möglichkeit, dass ein Seniorenteller durchaus gut schmecken könnte.

In Wirklichkeit ist das Ja-Sagen das Schwierige. In dem Sinne, dass man sich tatsächlich zu etwas bekennt. Wenn man mit schlankem Gepäck reisen möchte, ist auf der Insel ein einziges Wort, ein »ja«, völlig ausreichend; zumal man sich dort gegen niemanden abgrenzen muss. Solange das Ja aber nicht das neue Nein ist, kann man es halten wie das Kleinkind Leopold. Das hält drei Wörter für unbedingt nötig. Wenn man es fragt, ob es einen Keks will, strahlt es von einem Ohr zum anderen. Und sagt dann »nein-nein-nein«.

41. niemand

Als Odysseus in die Gewalt des Zyklopen Polyphem gerät, antwortet er auf die Frage, wer er sei: »Niemand ist mein Name; denn Niemand nennen mich alle, meine Mutter, mein Vater, und alle meine Gesellen.« Der klassische Nobody zu sein hat seine Vorteile. Denn als der brüllende, geblendete Polyphem später von seinen Mitzyklopen gefragt wird, ob man ihn gewaltsam würge, ruft dieser in höchster Not und wahrheitsgemäß: »Niemand würgt mich, ihr Freund'!« Die anderen Zyklopen lachen ihn aus: »Niemand?« So kommt Odysseus davon.

Man ahnt an dieser Stelle bereits, dass man beim Niemand besser Vorsicht walten lässt, da man es mit einem äußerst dubiosen Wort zu tun hat. Es macht den Satz »Niemand kommt davon« zu einem in sich widersprüchlichen Satz: Er behauptet zwar, dass keiner davonkommt, während er gleichzeitig aussagt, dass es Odysseus gelingt. Was also wissen wir über das Niemand? Offiziell führt es den Titel Pronominalsubstantiv. Sobald man es aber festnageln will, entzieht es sich; es verhält sich zu anderen Wörtern wie eine Briefkastenfirma auf den Caiman Islands zu einem Familienunternehmen in der Oberpfalz. Das Problem mit dem Niemand ist nämlich, dass es, wie alle Wörter, etwas bezeichnet. Nur bedeutet Niemand, dass keiner da ist. Es ist eine Verneinung. Das Bezeichnete ist nicht existent: »Niemand« geht auf das altdeutsche »nioman« zurück, der verneinten Form von Jemand. Und wenn Jemand nicht da ist, wer ist dann da? Niemand. Also ist doch jemand da. Nämlich Niemand. Und schon ist man im Strudel der Paradoxie gefangen, die darin besteht, dass die Verneinung das Verneinte ist. Auch Niemand ist Jemand! Eine Erkenntnis, die nicht nur Odysseus gerettet hat – Franz Kafka hat sie zu der hübschen kleinen Geschichte *Ausflug ins Gebirge* veranlasst, die das Niemand nicht nur sichtbar macht, sondern ihm endlich auch ein wenig Bewegung, anständige Kleidung und frische Luft verschafft: »Ich würde ganz gern – warum denn nicht – einen Ausflug mit einer Gesellschaft von lauter Niemand machen. Natürlich ins Gebirge, wohin denn sonst? Wie sich diese Niemand aneinanderdringen, diese vielen quer gestreckten und eingehängten Arme, diese vielen Füße, durch winzige Schritte getrennt! Versteht sich, dass alle in Frack sind. Wir gehen so lala, der Wind fährt durch die Lücken, die wir und unsere Gliedmaßen offen lassen. Die Hälse werden im Gebirge frei! Es ist ein Wunder, dass wir nicht singen.«

Ich muss bei dieser Stelle vor allem an den armen Zyklopen Polyphem denken. Niemand trägt auch noch Frack, zumal im Gebirge! Das wäre wirklich zu viel gewesen.

42. null

Der Schriftsteller Sten Nadolny hat einmal in einem Interview erklärt, warum er mit »null« auf Kriegsfuß steht. Er habe das nämlich bis heute nicht verstanden: Warum eine Null nichts sein soll, aber, sobald sie auf eine Eins folgt, daraus Zehn wird. Ein anderer Schriftsteller, nämlich Bret Easton Ellis, hat darauf verzichtet, sein Verhältnis zur Null zu kommentieren; immerhin hat er aber seinen Erstling *Unter Null* genannt. Als dieser Roman mit der losen Handlung um den koksenden, gelangweilten, weder von Sex noch Gewalt berührten Clay 1985 erschien und die amerikanischen Teenager so zeigte, wie keiner sie sehen wollte, war klar, dass *Unter Null* das genaue Gegenteil von siebenunddreißig Grad sein sollte, der Körpertemperatur.

Missverständnis oder Unbehagen schlägt »null« also nach wie vor entgegen. Das hat im Westen Tradition. Lange Zeit ist man in Europa ja gut ohne die Null ausgekommen und damit auch ohne das Wort. Man behalf sich, wenn man ein Adjektiv brauchte, mit »nichts«. Das Substantiv »Null« war da erst recht überflüssig, und nur weil vor fünftausend Jahren ein paar Orientalen mit Zahlen experimentierten, kam die Vorstellung von »null« von den Sumerern über einen Ausflug nach Griechenland zu den Indern und wurde von dort wiederum durch das *Buch über das Rechnen mit indischen*

Ziffern eines persischen Mathematikers hierher geschleust. Seitdem muss man sich im Abendland der Null stellen.

Da unsere Vorfahren lange nicht verstanden haben, warum es überhaupt einen Unterschied machen soll, ob man jetzt null Äpfel oder null Birnen vor sich hat, mussten sie auch das Wort importieren. Es kam aus dem Italienischen, von »nullo«, was wiederum auf das lateinische »nullum«, »nichts«, zurückgeht. Das Besondere ist aber, dass die Null dennoch etwas ist. Es gibt sie, aber man kann sich nichts darunter vorstellen. Die Null macht alles gleich: Auf einmal kann man sehr wohl Äpfel und Birnen vergleichen. Null Birnen sind das Gleiche wie null Äpfel. Die Situation erinnert mich an die Geschichte vom Atheisten, der, von Petrus an der Himmelspforte nach seinem Glauben befragt, »Atheist« antwortet, worauf Petrus nachhakt: ob er denn ein jüdischer, katholischer, evangelischer oder muslimischer Atheist sei. Auch heute ist es eine der wenigen leichten Entscheidungen, wenn man zwischen null Donuts essen und null Runden joggen wählen muss und im Zweifelsfall den Vorteil genießt, dass man beides sowie mit anderen nicht gemachten Aktivitäten gleichzeitig machen kann. Davon kann auch Sten Nadolny ein Lied singen, der es zugleich mit der *Entdeckung der Langsamkeit* geschafft hat, null Seiten der *Entdeckung der Null* zu schreiben.

43. Pott

Wenn man im Speisewagen der Bahn nach einer Tasse Kaffee fragt, so wird man mit Verweis auf die Speisekarte freundlich korrigiert. »Tasse Kaffee«, so die Auskunft, »haben wir nicht. Aber einen Pott Kaffee – den können Sie gern haben.«

Dass sich die Bahn um eine einfallsreiche Rechtschreibung verdient gemacht hat, ist nichts Neues, auch wenn »BordRestaurant« genauso wenig aufputscht wie »ver.di«. Der Pott Kaffee muss das dann wohl wettmachen: Nur so ist es zu erklären, dass ausgerechnet in der Speisekarte eines so um Innovation und Zukunft bemühten Unternehmens wie der Bahn der »Pott« überlebt; ein Wort, das aus gutem Grund bisher vor allem mündlich und in Dialekten mitgeschleift wurde, als dass man es in der Schriftsprache transportiert hätte. Durchgesetzt hat es sich vor allem als Bezeichnung zweier Landstriche; die Rede ist vom Ruhrgebiet, das auch »Ruhrpott« heißt, und der Stadt Hildesheim, die in einem Talkessel liegt und wegen der Formel Kessel = Topf von ihren Bewohnern »im Potte« genannt wird.

Woher das Wort ursprünglich kommt, ist bis heute nicht ganz klar. Es gibt den Pott in einigen Nachbarsprachen, höchstwahrscheinlich ist er ein Lehnwort, nur aus welcher Sprache, weiß man nicht. Um 600 ist zumindest das spätlateinische »potus« in der Bedeutung von »Trinkgefäß« am merowingischen Königshof bezeugt. Auch hat es den Vermerk »Pottus« auf Trierer Töpferwaren aus der Römerzeit gegeben, weshalb die These kursiert, dass Pottus der Spitzname eines Fabrikanten gewesen sei – und somit, eingraviert, womöglich der erste deutsche Markenname war. Einen weiteren Höhepunkt erlebte das Wort durch Heinrich Heine, der es zu »Pißpott« verfeinerte und diesen dann in seinem Gedicht *Kleines Volk* aufs Wasser setzte:

In einem Pißpott kam er geschwommen
Hochzeitlich geputzt, hinab den Rhein.
Und als er nach Rotterdam gekommen,
Da sprach er: »Juffräuken, willst du mich frein?«

Seitdem ging es mit dem Wort immer weiter flussab. Schließlich ist Pott kein besonders schönes Wort; es gehört trotz seines hübschen Ausflugs in »Pottwal« nicht zu den Wörtern, die in die Welt hinauswollen, die Globalisierung vorantreiben und mehr verdient haben, als nur im eigenen Sprachsud zu schmoren. Pott ist inzwischen, nach was es immer schon geklungen hat. Wer »Pott« sagt, wünscht auch »Mahlzeit!«, geht zum Klönen in die Pinte und macht Feierabend. Und wenn er einmal im Speisewagen sitzt? Dann freut er sich, dass die Bahn seine Sprache spricht: Im Pott ist der Kaffee der Regionalexpress unter den Getränken.

44. rauschend

Es gibt Wörter, die so klingen, wie sie lauten. Wenn es also säuselt und summt, knarzt und zischt, dann ist die Wahrscheinlichkeit hoch, dass Sie ein Wort vom Stamme der Onomatopoetika vor sich haben, eine meist friedliche Truppe, die in der Sprachprärie beheimatet und, wie man an ihrem Hang zu Nachahmung und Lautmalerei erkennt, der Natur sehr verbunden ist. »Rauschend« gehört dazu: Wenn man es ausspricht, hört man Blätter rascheln und das Meer anbranden.

Es stammt vom westgermanischen Verb »rūschen« ab, das »eilen« und »stürmen« bedeutete. Es steckt ebenfalls im englischen »to rush«, das wiederum in »Rushhour« enthalten ist. Doch das Verb hat sich vom ursprünglichen Rausche-Rauschen entfernt. Seitdem das einstige »rūschen« von Mund zu Mund eilte, veränderte sich wie beim Spiel »Stille Post« nicht nur das Wort selbst, sondern es differenzierte sich auch die Wortbedeutung aus: Weg vom Image des edlen Wilden drängte die Nachkommenschaft von »rūschen« hin zu weniger naturalistischen Verhältnissen und forderte, mehr Übertragbarkeit zu wagen. Daher ist »rauschend« inzwischen Teil einer nicht unbedeutenden und vor allem als hedonistisch berüchtigten Semantikclique: Seit dem 16. Jahrhundert gehört der Rausch dazu, im Sinne eines Stürmens der Zurechnungsfähigkeit. Dass diese Konnotation beim Gebrauch von »rauschend« mitschwingt, gibt dem Partizip etwas durchaus Verruchtes. Es rückt in die Nähe von dionysischem Loslassen und bacchantischer Auflösung.

Als Partizip Präsens Aktiv gehört es in die Kategorie der früher als »Mittelwort« bezeichneten Wörter, die zwar wie ein Adjektiv gebraucht werden, aber dennoch aufgrund ihrer Verbherkunft nie wirklich dazugehört haben. Verschlechtert hat sich die Situation noch dadurch, dass vieles an partizipienschlenkernden Sätzen unter den Verdacht kam, immer gleich nach Literatur klingen zu wollen, und zwar der in Anführungszeichen. Doch das Partizip ist unverzichtbar. Ein Fest, das rauscht, ist nicht das Gleiche wie ein rauschendes Fest. In Zeiten, in denen alle nur auf Verben schwören, die meisten Texte auf Nulldiät gesetzt sind und aufgrund wegreduzierter Adjektive und Partizipien in etwa so gehaltvoll wirken wie ein Joghurt mit 0,1 Prozent Fett, detoniert »rauschend« wie eine Kalorienbombe.

45. realisieren

Im Deutschen gibt es ungefähr fünfhunderttausend Wörter. Das ist eine ganze Menge, und ständig stoßen neue hinzu. Dazu kommen noch die unterschiedlichsten Bedeutungen, die jedes einzelne Wort auf sich versammelt, und meistens existieren sie nebeneinanderher, ohne sich groß in die Quere zu kommen. Im Gegenteil: Es ist ganz schön und führt nicht unbedingt zu Missverständnissen, dass eine Lache sowohl laut als auch ziemlich nass sein kann. Und dass die Sprache durch andere Sprachen geschmeidig bleibt. In ein paar Fällen aber herrscht Krieg. In einem gnadenlosen Existenzkampf werden bestehende Bedeutungen verdrängt und vernichtet. Eine Quallenplage ist nichts dagegen.

Eines Tages also war das Realisieren da. Wer hat es eingeschleppt, warum hat man es nicht unter Quarantäne gestellt, wieso hat man es gewähren lassen? Denn so ein Mitbringsel hat es in sich. Es ist, als ob man von einem zweiwöchigen Ausflug in ein All-inclusive-Gehege ein possierliches Tierchen hergeschmuggelt hätte, als Souvenir, und das hat sich als Monster entpuppt: Längst hockt es ausgewachsen im Garten und hat alle Katzen aus der Nachbarschaft verputzt. Das Realisieren, das hier seit dem 18. Jahrhundert beheimatet ist, stammt vom französischen »réaliser« auch in dem Sinne ab, dass es »verwirklichen« bedeutet. Wenn jemand also etwas nicht realisiert, dann ist es nicht existent, nicht real, dann ist die Umsetzung gescheitert. Aber dieses Realisieren ist vom Aussterben bedroht.

Schwer zu sagen, wann die Bedeutungsverschiebung genau begonnen hat; seit geraumer Zeit jedenfalls haben eine ganze Menge Leute unglaublich viel realisiert, und wenn sie dieses Wort gebrauchen, wollen sie nicht auf ihre Tatkraft hinweisen, sondern auf ihr offenbar intaktes Stammhirn – sie haben lediglich etwas kapiert. Wie schön. Aber wenn sie sagen: »Ich habe den Fehler realisiert«, informieren sie vor allem darüber, dass sie ein Verb wie »to realise« richtig anwenden können. Oder womöglich Jahre im Ausland verbracht haben, so etwas hinterlässt ja seine Spuren. Oder sie plappern es einfach nach. Aber müssen sie, nur weil sie etwas Englisch können, gleich Bedeutungstrophäen mit in die eigene Sprache schleppen? Seit es allerdings zum polyglotten Weltbürgertum gehört, »in 2008« zu sagen, bei New Orleans die Betonung dem O aufzubürden und wegen des vermeintlich weiblichen Endungs-A aus allen möglichen Tänzen von Salsa bis Samba »die« Salsa und »die« Samba zu machen, wobei Samba selbst im Ursprungsland nach wie vor so männlich ist wie der Zuckerhut – seitdem also verwirklicht das alte Realisieren nur sein eigenes Verschwinden.

Und das neue Realisieren? Ich finde es vor allem praktisch. Um etwas real werden zu lassen, braucht man es nicht mehr zu tun – es reicht ja das bloße Begreifen.

46. Schlüpfer

Bedrohte Wörter, herrje. Ich sage nur: »Kleinod«, »Labsal«, »Schlüpfer«, die haben es in die Top Ten geschafft. Es gibt jetzt neben dem »Wort des Jahres« diesen Wettbewerb, der Wörter ausfindig macht, die bedroht sein sollen. Es steht schlimm um unsere Sprache, und es fehlt nur, dass bald neben dem Schlagwort von der »humanitären« das der »lexischen Katastrophe« auftauchte. Hilfe, Buchstaben in Gefahr! Man weiß zwar nicht, wer oder was den Wörtern an den Kragen will, im Zweifel ist es natürlich der Mensch, der sich weigert, so Unappetitliches wie »Schlüpfer« auszusprechen – was man übrigens auch als Beitrag zur Sprachhygiene ansehen könnte –, aber erst einmal Alarm schlagen. Warum eigentlich? Man sorgt sich ja auch nicht darüber, dass das unrasierte deutsche Frauenbein ein Auslaufmodell ist. Und bei Kartoffelkäfer, Schweinebandwurm und Anophelesmücke käme auch keiner auf den Gedanken, die zu den bedrohten Arten zu zählen.

Was nun die vermeintliche Bedrohung des Schlüpfers angeht, so war er nur über einen so kurzen Zeitraum populär, dass man ihn getrost vergessen kann. Gut, es gibt die legendäre Rosa Schlüpfer, die angeblich in Köln wohnt und sich den Fluch ihres Namens mit Axel Schweiß und Mario Ahner teilt. Aber waren es drei Generationen, die ihre Unterwäsche

»Schlüpfer« nannten, oder doch nur zwei? Ende des 19. Jahrhunderts war »Schlüpfer« unbekannt; das heißt, es gab ihn zwar als Begriff, aber gemeint war ein Muff. Ein Zobelschlüpfer war also nicht etwa die Luxusversion einer Woll-Unterhose, obwohl einem angesichts eines alten Reimes berechtigte Zweifel kommen:

Heiß bin ich von Dichterfeuer –
hutsch! hutsch!
'en Schlupfer her, o Phöbus theuer,
hutsch! hutsch!

Die Wahrheit über den aussterbenden Schlüpfer ist aber die, dass sich zwei Phänomene daran studieren lassen. Erstens ein marktwirtschaftliches. Künstliche Verknappung erhöht die Nachfrage: Ein behauptetes Aussterben des Begriffes rechtfertigt einen Wettbewerb, danach ein Lexikon, und wenn von dem Wort nach all dem Ausschlachten noch etwas übrig bliebe, so wäre das ein Wunder. Zweitens: Warum sollte man an einem solchen Wettbewerb teilnehmen, sich ein solches Lexikon anschaffen? Weil man trotz »Schlüpfer« Wörtern wie »Habseligkeiten« und »bauchpinseln« kaum widerstehen kann. Womit wir beim wesentlichen Unterschied zu Kerbtier, Bandwurm, Insekt wären. Die sind nicht niedlich. All die bedrohten Wörter aber reihen sich auf zu einer nostalgischen Drolligkeitsparade. Wer eingeschmiert vom Talg der Nostalgie solche Bücher kauft, der – da bin ich mir sicher – liebt im Radio auch die Hits der Achtziger.

47. Schmutz

Hätte er nicht mal leserlicher schreiben können, der Herr Kleist. Dann wüsste man, ob es »Schmutz« oder »Schmerz« heißt. So aber ist es nach wie vor ein Rätsel, was genau in dem von Hand geschriebenen Brief steht, den er im Spätherbst 1807 von Dresden aus an seine Cousine Marie geschickt hat. Es geht um das Schauspiel *Penthesilea*; das Stück steht in dem Ruf, die vertrackteste Tour in die Seelenwelt Heinrich von Kleists zu sein. Er schreibt: »Es ist wahr, mein innerstes Wesen liegt darin, und Sie haben es wie eine Seherin aufgefasst: der ganze Schmerz zugleich und Glanz meiner Seele.« Das »Glanz meiner Seele« ist eindeutig, aber statt »Schmerz« könnte dort auch »Schmutz« stehen. Was hat er bloß gemeint? Die Philologen, die sich seitdem über die Handschrift beugen und wie in einem Rorschachtest mal das eine, mal das andere Wort entdecken: Ihre Debatte spiegelt noch am ehesten, was sie in Kleist hineinsehen – ob sie glauben, dass er eher dem Schmerz oder eher dem Schmutz nahestand.

Für Schmerz spricht, dass Kleist sich umbrachte. Für Schmutz spricht, dass die Definition als »Dreck, Fett, klebrige Masse« den größtmöglichen Gegensatz zum erwähnten Glanz bildet und *Penthesilea* so als ein Werk erscheinen lässt, das Gespaltenes so zusammenfügt, dass es für einen Moment

Linderung verschafft. Für Schmutz sprechen außerdem die Abgründe, in die Kleist den Leser treibt. Was soll man auch von einem Mann halten, der so viel Tragik wie kein anderer in Texte zwängen konnte; Texte, in denen in jedem Satz etwas passiert und die so voranpreschen, dass man Mühe hat, der Schicksalsdynamik zu folgen; Texte, die auch die dunkelsten Seiten der Seele besichtigen. »Schmutz« ist ein altes Wort, es wird schon seit Langem auch als Bild verwendet, genau wie das synonyme »Dreck«. Es ist parallel zu Letzterem entstanden, es kann wie dieses, wie man spätestens durch Mozarts Besessenheit mit »Dreck« weiß, im Sinn von »Kot« verwendet werden – »Kot« galt übrigens lange als ein weniger derber und sogar anständiger Ausdruck. Die Formulierung in Kleists Brief wird dadurch noch krasser. Inzwischen ist es so: Die Philologen tendieren bei dem unleserlichen Wort zu »Schmutz«.

Heute erzeugt Schreiben andere Missverständnisse. Beim Schreiben von SMS-Nachrichten ist es die vorschnelle Rechtschreiberkennung, die aus »Papi« »Sarg« werden lässt und aus »Süßer« »Stress«, was diese Wörter zu Synonymen werden lässt. Im Gegensatz zu handschriftlichen Texten haben maschinengeschriebene jedoch einen Vorzug: Wenigstens die Buchstaben erkennt man immer. Und verwischen kann auch nichts. »Verzeihen Sie«, notierte Johann Georg Hamann 1786, als er eine geliehene Handschrift zurückgab, die an einer Stelle nur noch schwer zu entziffern war, »verzeihen Sie, dass Sie die Beilage mit einem Makel meiner triefenden Nase zurückerhalten, auf deren Ausflüsse ich nicht Zeit hatte achtzugeben.« Bei diesem Makel handelte es sich – und das schreibe ich jetzt nicht nur, um den Bogen hinzukriegen – auch um eine Art von Schmutz.

48. Sonne

Was ist nicht alles schon zum Wort des Jahres erklärt worden. Das Adjektiv »aufmüpfig« war darunter, ebenso Mogelwörter wie »Nulldefizit« und »Gesundheitsreform« – sogar »Katastrophe von Tschernobyl« zählte dazu, wobei man sich bei Letzterem natürlich fragen muss, ob die kompetente Wort-des-Jahres-Kommission überhaupt zählen kann; ich komme da auf drei Wörter und nicht bloß auf eins. Und wenn man schon einmal beim Fragen ist: Wo, bitte sehr, ist bisher die Sonne verblieben?

Die Sonne beschert nicht nur einen Schein, der nie trügt, sondern ist zunächst einmal ein Fall für die Gender-Forschung. Nur in germanischen Sprachen ist sie weiblich; in den meisten anderen Sprachen steht ein männlicher Artikel davor. Mehr noch: Der Sonnengott der Inkas war der Inbegriff des Männlichen, und viele Südamerikaner wundern sich noch heute über die Verweiblichung der Sonne in der deutschen Sprache, als hätte man einen Mann in Frauenkleider gesteckt. Bei uns kuschelt die Sonne dermaßen intensiv mit anderen Wörtern, dass daraus einige der schönsten zusammengesetzten Substantive entstanden sind. Und das ist ebenfalls eine Besonderheit der deutschen Sprache. Ein nicht von hier stammender Bekannter gestand mir einmal, dass er ein großer Freund des Wortes »Atomwaffensperrvertrag« sei, obwohl er sich »Vertrag der Sperrung der Waffen der Atome« auch sehr gut hätte vorstellen können, wie es die Grammatik seiner Muttersprache erfordert hätte; aber dann müsste es auch »Blume der Sonne« heißen oder »Uhr der Sonne«, was niemals dieselben Bilder von Weinbergen an der Mosel erwecken kann wie »Sonnenuhr«. Aus »Sonntag« würde »Tag der Sonne«, was den Sonntag ganz schnell in dieselbe Ecke rückte wie »Tag der Verkehrssicherheit« oder »Tag der offenen Moschee«. Statt im Sonntagszeitungsfeuilleton würde man schließlich im »Feuilleton der Zeitung des Tages der Sonne« lesen, und spätestens an dieser Stelle sollte man selbiges fortlegen, das Gesicht im Biergarten nach oben wenden und endlich anfangen, den Frühling zu genießen.

49. *Tunnel*

Wie spricht man »Tunnel« richtig aus? Auf dem »u« betont man es in Deutschland. Die Schweizer sagen »Tunnél«, so wie »Flanell« oder »Skalpell«, mit einer betonten zweiten Silbe, und das hört sich sehr elegant, aber leider ganz und gar nicht unterirdisch an. Nicht wie eine dunkle Röhre, in der Züge einfach verschwinden können, klammheimlich; wir alle ahnen, dass so etwas möglich ist. Die Schweizer scheinen das mit ihrem hell-gefälligen »Tunnél« zu ignorieren. Wer weiß, vielleicht ist das ein Selbstschutz; wenn die Deutschen auch ständig durch irgendwelche Berge hindurchfahren müssten: Sie würden es sich anders überlegen.

Liebe Schweizer, ihr habt ja recht. Da »Tunnel« auf das altfranzösische »tonnelle« zurückgeht, was zum einen »Tonnengewölbe« bedeutete und zugleich »Schlauch, Weinfass«, ist die Endbetonung ein Stück Traditionspflege. Die Wanderung des Wortes im 18. Jahrhundert erst in die englische, dann in die deutsche Sprache hat aber den weinseligen Ursprung getilgt und ein Wort der Ratio aus »Tunnel« gemacht. Es ist ein Denkmal der Ingenieurskunst, seit es sich im 19. Jahrhundert mit dem Bau des Themse-Tunnels als verkehrstechnischer Ausdruck in den meisten europäischen Sprachen durchgesetzt hat. Der Tunnel ist ein Ort der Sicherheit und Geborgenheit: Im Gegensatz zur Höhle weiß man, dass es nicht nur einen Eingang, sondern immer auch einen Ausgang gibt. Der Konstrukteur des Tunnels hat ihn selbst angelegt. Wer Tunnel bauen kann, weiß immer einen Weg. Er siegt über Natur und Aberglaube.

Aber die Zweifel daran wurden nicht tief genug verscharrt. Sie trieben alsbald an die Oberfläche, wurden sichtbar in der Literatur. Kafka notierte im ersten seiner Oktavhefte, dass wir, mit dem »irdisch befleckten Auge« besehen, in der Situation von Eisenbahnreisenden sind, »die in einem langen Tunnel verunglückt sind, und zwar an einer Stelle, wo man das Licht des Anfangs nicht mehr sieht, das Licht des Endes aber nur so winzig, dass der Blick es immerfort suchen muss und immerfort verliert, wobei Anfang und Ende nicht einmal sicher sind.«

Der Tunnel ist in Wirklichkeit der unsicherste aller Orte. In seinem Innern tropft es, der Zweifel am Sieg der Rationalität hat sich neben den Gleisen in Pfützen gesammelt, und deshalb ist genau hier der richtige Ort für die metaphysische Erzählung *Der Tunnel*, die mit Kafkas Befürchtung Ernst macht. Auf einer alltäglichen Zugfahrt bemerkt ein Student, dass der Tunnel auf einmal kein Ende nimmt. »Was sollen wir tun«, fragt der Zugführer, während der Zug in den Abgrund rast. »Nichts«, antwortet der Student, ohne sein Gesicht vom tödlichen Schauspiel abzuwenden: »Gott ließ uns fallen, und so stürzen wir denn auf ihn zu.«

Das helle schweizerische »Tunnél« verbirgt die düsterste aller Ängste: Denn wenn man dem Tunnel nicht trauen kann, wem dann? Am ehesten noch einem Schweizer: dem Schriftsteller Friedrich Dürrenmatt. Von dem die Erzählung stammt.

50. tuscheln

Was »tuscheln« bedeutet, hört man sofort: Form und Inhalt scheinen zusammenzufallen. Es hört sich nach dem an, was es ist. Zwei reden über einen Dritten. Dieser steht so weit entfernt, dass er den Inhalt des Gesprächs zwar nicht verstehen kann, dafür nimmt er etwas anderes wahr – das Geräusch des Redens. Das Schschsch, wenn ein paar Laute entweichen, ist ein Rauschen, das nichts Gutes verheißt. Eigentlich ist es heiße Luft.

Es sind das S und das Sch, die vom unterdrückten Redefluss übrig bleiben: Man hört sie am weitesten, lautesten. Gegen sie haben alle anderen Vokale und Konsonanten keine Chance. Die werden unterdrückt. Ein Wort wie »tuscheln« imitiert die Wirklichkeit, es ist ein lautmalerisches Wort. Beim Tuscheln raschelt, zischelt und zischt die Sprache; es gehört zu jenen Wörtern, die direkt aus der Wirklichkeit abgelauscht zu sein scheinen. Dass sie meinen, was sie sagen, empfindet der Sprecher körperlich: Wenn Zähne knirschen, bereitet allein schon das Wort Unbehagen, und wenn jemand huscht, spürt man seinen Schatten.

Vielleicht ist es kein Zufall, dass Sprachgeräusche also nur von Wörtern beschrieben werden, die die Amplituden abbilden. Es sind Wörter voller Zischlaute: Nicht nur Tuscheln, sondern auch Nuscheln, Flüstern, Zischen gehören dazu. Ist in anderen Sprachen übrigens nicht viel anders. Im Englischen heißt Tuscheln »whisper«. Portugiesen und Brasilianer reden gern ein bisschen mehr. Weshalb das Wort dafür im Tuschelparadies auch länger ist: »Cochichar« heißt es und zischt gleich doppelt.

51. unwillkürlich

Neulich habe ich in einem Buch von Karl May gelesen. Wie immer waren die Helden edel und die Schurken schlecht. Und weil Karl May durch und durch Karl May ist, war es da wieder, dieses Wort, das für mich wie kein zweites seine Beschreibungswallfahrten charakterisiert: unwillkürlich. »Doch war der Eindruck, den dieses Gesicht machte, nicht günstig zu nennen. Die schmale, scharf gebogene Nase erinnerte unwillkürlich an den Schnabel eines Geiers.« Die Formulierungen sensibilisieren nicht nur für die Schönheiten der Verneinung. Statt »ungünstig« schreibt May »nicht günstig«, was das Urteil in »ungünstig« von einer Tatsache zu einem bloßen Verdacht abschwächt, aber wenn er statt »nicht willkürlich« unwillkürlich schreibt, so ahnt man schon, dass man es hier mit einem Wort ganz eigener Qualität zu tun hat. Wenn der Leser weiß, dass die Helden die Schurken »unwillkürlich« erkennen, so fragt er sich, warum diese dann doch erst einmal auf die Bösen hereinfallen. Es ist wie bei Horrorfilmen; da frage ich mich auch immer, warum das spätere Opfer die Fernbedienung aus der Hand legt und trotzdem in den dunklen Keller geht, obwohl es doch aus zahlreichen Filmen wissen müsste, was dann passiert. »Unwillkürlich« bedeutet ja nichts anderes, als dass es automatisch zu einem kommt. Die Frage ist, ob man sich überhaupt

»willkürlich« erinnern kann; die Willkür erstreckt sich höchstens auf den sprachlichen Bereich. Karl May hatte sehr wohl die Wahl, ob er »unwillkürlich« schreibt oder nicht, und er hat sich darauf verlassen, dass man auf das Wort, ganz unwillkürlich natürlich, reinfällt.

52. Unwort

Mit dem Januar ist auch das alljährliche Ritual wiedergekehrt, ein Wort zu küren, und zwar zum »Unwort des Jahres«. Diesmal lautet es »Freiwillige Ausreise«. Eigentlich ist das eine gute Idee: nach Wörtern zu fahnden, die, aus Interessen geboren und von ihren Schöpfern in die Sprache eingeschleust, die Wirklichkeit manipulieren, indem sie übertreiben oder verharmlosen, wie auch in diesem Fall. Als ob es ein Zeichen von Freiwilligkeit wäre, wenn abgeschobene Asylbewerber es vorziehen, ohne Handschellen in ein Flugzeug zu steigen. In Orwells *1984* heißt solch eine Verschleierungstechnik »Neusprech«, ein großartiger Begriff, weil er die Vorgehensweise reflektiert. Doch seit Jahren warte ich darauf, dass auch einmal »Unwort« zum Unwort gekürt wird – zumindest hat es Potential.

Denn die sprachkritische Aktion hat den Charakter manipuliert, den »Unwort« einmal hatte. Einst war es böse, beleidigende Sprache, und eine Ehe, in der »kein Unwort« gefallen war, eher unwahrscheinlich. Oder es bezeichnete tatsächlich ein Kein-Wort, eine Buchstabenfolge, die keinen Sinn ergab, wie bei Justinus Kerner: »Ganze Nächte hindurch hörte ich da oft den Gesang einer wahnsinnigen Frau, der nur in den Worten ›Ririroldidi‹ bestand. Sie sang dieses Unwort immerwährend in gleicher Modulation fort, wobei sie ohne Aussetzen mit dem Fuße auf den Boden stampfte.« Doch wenn man heute dieses wunderschön paradoxe Wort »Unwort« hört, so macht es nicht »Ririroldidi« im Kopf, sondern man assoziiert einen hässlich-konkreten Begriff wie »Humankapital« oder »Entlassungsproduktivität«, und gerade weil man diese Begriffe zu entlarven versucht, indem man sie als Unwörter bezeichnet, bekommt auch das Unwort etwas Neonlichthaftes. Dabei bewirkt die Vorsilbe »un-« sonst eher eine Verdunkelung. Sie ist mehr als eine Verneinung; zu ihrem Geheimnis gehört es, dass sie eine Bedeutung in ein Niemandsland befördern kann, irgendwo zwischen einem Begriff und seinem Gegenteil. Normalerweise haben Wörter eine Kontur, und man glaubt, sich auf sie zurückziehen zu können wie auf ein Stück Land, eine Insel, aber sobald ein »un« davorsteht, öffnet sich eine Welt des Übergangs, ein Marschland, ein Gebiet der Mehrdeutigkeit: Un-heimlich ist nicht das Gegenteil von heimlich und Un-tier nicht das Gegenteil von Tier; es ist seine Überhöhung und Dramatisierung.

Weswegen man sich im Falle des Unworts für die Zukunft gar nicht genug neue Unwörter wünschen kann, die wieder diesen Namen verdienen. Wir haben viel zu wenige. Das jetzige »Unwort des Jahres« wird für die Blockwarts, die mit der Armbinde »Sprachkritik« patrouillieren, passend in »Neusprech des Jahres« umbenannt, denn gegenüber den wahren Unwörtern, wie Loriots »Melusine! Krawehl, Krawehl! Taubtrüber Ginst am Musenhain!«, kann »Freiwillige Ausreise« natürlich sofort einpacken.

53. *Verantwortung*

Endlich: Terroristen übernehmen Verantwortung« – diese Schlagzeile hat es bisher noch nicht gegeben. Warum eigentlich nicht? Immerhin ist von Verantwortung ständig die Rede, und zwar auch dann, wenn irgendwo wieder eine Bombe hochgegangen ist und man ihren Nachhall in den Medien vernimmt: Mal sind es afrikanische Freischärler, die für ein Massaker »die Verantwortung übernehmen«. Im Falle des enthaupteten Nick Berg hat gar der Al-Kaida-Mörder Al-Sarkawi persönlich »die Verantwortung übernommen«. Verantwortung? Was Terroristen damit meinen, ist: Sie fürchten keine Konsequenzen für ihr Tun. Sie haben sich lediglich zu ihren Taten bekannt. Und womöglich ist es nicht sehr verantwortlich, ein solches Bekenntnis mit Verantwortung zu verwechseln.

Dabei scheint der Begriff klar zu sein. Verantwortung ist eines jener ethischen Prinzipien, das, wenn man Umfragen glaubt, an Popularität ständig gewinnt. Gerade in Kombination mit dem Verb »übernehmen« bekommt die Verantwortung ihren Aufwärtsdrall und ihre positive Färbung. Im beruflichen Bereich wünscht sich das jeder Dritte, ein Land wie Deutschland drängt wegen eines gewollten Mehr an Verantwortung in den Sicherheitsrat. Besonders die Gruppe der Fünfundzwanzig- bis Vierzigjährigen hat den Begriff in ihren

Wortschatz aufgenommen. Er gilt als modern und soll die Einstellung des Sprechers unterstreichen, dass er nichts dagegen hätte, über mehr Rechte im Job und natürlich auch ein wenig mehr Gehalt zu verfügen. Die Forderung »Ich will mehr Geld« ist dagegen überhaupt nicht mehr zeitgemäß.

Bei solchen Subtilitäten machten unsere Vorfahren dicht. Der Begriff »Verantwortung« tauchte in der zweiten Hälfte des 15. Jahrhunderts zum ersten Mal im Mittelhochdeutschen auf. Womit man sich vorher behalf, weiß man nicht; womöglich wimmelte es von verantwortungs- und wahrscheinlich vaterlandslosen Gesellen, was, aus heutiger Sicht betrachtet, so ziemlich das Gleiche ist. Die ursprüngliche Bedeutung ist aber noch im Wort enthalten – in jeder Verantwortung steckt eine Antwort. Das Verb »verantworten« wurde einst im Sinne von »beantworten« gebraucht, zum Beispiel in dem mittelalterlichen Sprichwort: »Mit stillschweigen verantwort man vil.« Wer dann tatsächlich etwas ver-, also beantworten sollte, war meist in der Defensive: Er stand vor Gericht. Und da das Kopf-Hinhalten damals alles andere als sprichwörtlich gemeint war, drängte sich schon aus reiner Selbsterhaltung keiner nach vorn, Verantwortung zu übernehmen – man hatte meistens sowieso schon genug von dieser »Last«, wie es noch bei Schiller heißt, »auf mich der Fluch, der Donner des Richters«.

Längst ist »Verantwortung« jedoch ein offensiver Begriff. Er steht für eine Zukunftserwartung; für die Bereitschaft, Unwägbarkeiten abzufedern und für die Folgen eigenen oder fremden Handelns persönlich einzustehen – ganz gleich, ob man sie verursacht hat oder nicht. Verantwortung verwandelt potenzielle Unsicherheit in Sicherheit. Wer Verantwortung übernimmt, setzt sich damit einem enormen Risiko aus:

Er nimmt Konsequenzen auf sich, die aus einer Handlung erwachsen könnten; Konsequenzen, die man ab einem gewissen Punkt nicht mehr beeinflussen kann. Wie die antike Tragödienheldin Antigone, die für das Begräbnis ihres Bruders einsteht, obwohl ihr Onkel es verboten hat. Sie übernimmt eine Art Blanko-Garantie von vornherein; egal, wie die Folgen ihres Tuns sein mögen, sie wird sich ihnen fügen. Verantwortung kann nur übernehmen, wer die Wahl hat. Verantwortung ist Freiheit.

Den freien Willen haben Deterministen wie Paul Henri Thiry d'Holbach oder Johannes Calvin, Begründer des Calvinismus, allerdings bestritten. Für sie ist alles vorbestimmt, der Mensch nur Rädchen in einem Getriebe, das unaufhaltsam mahlt; in einer vorbestimmten, aber auch einer schuldlosen Welt, einer Welt ohne Verantwortung. Diese Position vertreten heute vor allem Neurobiologen. Verantwortung ist eine Illusion, erzeugt von den komplexen Mechanismen der Hirnchemie. Aber nur wer frei ist und stets auch anders handeln könnte, kann verantwortlich agieren. In diesem Sinne forderte der Soziologe Max Weber eine »Verantwortungsethik« bei Politikern ein – nicht nur Gesinnungen und Motive sollten zählen, sondern die tatsächliche Abschätzung von Handlungsfolgen.

Nur ist Verantwortung haben nicht das Gleiche wie Verantwortung tragen. Viele wollen Verantwortung übernehmen – und übernehmen sich dabei. Eine Ausnahme ist sicherlich der ehemalige bayerische Ministerpräsident Edmund Stoiber. Sobald er sich im Gestrüpp der Sprache verheddert, gibt er der Verantwortung eine neue Dimension. Wenn er spricht, dann verspricht er sich. Und wenn er antwortet, verantwortet er sich nur.

54. Verlust

Beim Wort »Verlust« hat mich immer die »Lust« irritiert, die offenbar darin steckt; ein Wort ins andere gepfercht, als wäre es eine russische Matroschka-Puppe. Kann das sein? Dass man nur ein paar Buchstaben von »Verlust« abzupfen muss und ein neues Wort erhält, das als Kern im Wirtswort enthalten ist und dieses auf eine seltsame Weise von innen beleuchtet? Dass es dem ursprünglichen Wort eine andere Dimension hinzufügt? Genug Beispiele gibt es ja. So hat ein Schriftsteller auf die Frage, wie viel von seinem in der ersten Person geschriebenen Roman denn biographisch sei, geantwortet, dass »ich« nur die Mitte von »nichts« sei. Damit wäre dieser Zusammenhang wenigstens ein für alle Mal geklärt. Aber »ich« könnte natürlich auch die Mitte von »Licht« sein, was eher in die spirituelle Richtung führt, oder, hedonistisch betrachtet, der irreduzible Kern von »dicht«.

Bei »Verlust« und »Lust« scheint sich der Zusammenhang auch in der altmodischen Formulierung auszudrücken, dass etwas »verlustig geht«: Ganz deutlich steht da ein »lustig«, obwohl man das Verlustiggehen im Allgemeinen nicht besonders spaßig findet. Umgekehrt findet sich ebenfalls eine Verbindung. Bildet man eine Verbform zu »Verlust«, so kommt man schnell – analog zu »Haus« und »hausieren« –

auf »verlustieren«. Nur mit Verlust hat Verlustieren nicht viel zu tun. Alles doch nur Täuschung, alles Trug?

Verlust, warnt die Sprachinquisition, hat einen großen Freundeskreis, nämlich den der Falschen Freunde. Die so tun, als würden sie eine tiefe Beziehung zu anderen Wörtern haben, in Wirklichkeit aber ganz andere Interessen verfolgen. Ganz groß in dieser Truppe ist der »Amerikaner«, der nichts mit Amerika zu tun hat. Wohl aber mit Hirschhornsalz, das auch Ammoniumhydrogencarbonat heißt, was dem Gebäckstück zunächst den Namen »Ammoniakaner« gegeben hat, aber weil sich »Wir alle sind Ammoniakaner« nicht gut anhört, wurde wahrscheinlich »Amerikaner« daraus. Der wohl berühmteste in der Clique ist die Blindschleiche, die selbst die Großmeister des etymologischen Wühlens, Jacob und Wilhelm Grimm, hinters Licht geführt hat; und das, obwohl oder eben gerade weil sie gar nicht blind ist, wie die Grimms in ihrem Wörterbuch behaupten: »eine blinde, giftige Schlange«, heißt es da zur Erklärung, obwohl »blind« vom althochdeutschen »plint«, »blendend«, abstammt. Was nun den Verlust betrifft, so geht er in seiner Bedeutung des Abhandenkommens auf das althochdeutsche »farlust« zurück und ist eine Weiterbildung zu »verlur«, desselben Stammes wie »verlieren«. Interessanterweise hat das Geschlecht im Laufe der Zeiten geschwankt, sodass die weibliche Form »die Verlust« noch stärker an eine autoerotische Beziehung des Wortes denken lässt. Die Lust selbst dagegen, ein Wort, das seit dem Import aus dem Sanskrit die Jahrhunderte unverändert überstanden hat, war lange Zeit nicht weiblich, sondern männlich. In den frühen Schriften Luthers steht denn auch meistens »der Lust«. Wenn es also eine Zeit lang »der Lust« und »die Verlust« hieß, dann kann man die geheime Verbindung nicht mehr leugnen. Von wegen Falsche Freunde. Die Wahrheit ist: Im Swingerclub der Wörter sind es vor allem Lust und Verlust, die gern mal den Artikel tauschen.

55. Vermögen

Vermögen wird im Leben großgeschrieben, wenn man von Sufis und Bettelmönchen einmal absieht, die sich gegen die Tentakel des Diesseits wehren; das Deutsche ist allerdings eine Sprache, wo das Großschreiben auch von der Rechtschreibung her möglich ist. Zunächst aber ist »Vermögen« ein Wort, das sich gut anhört. Das Eigentümliche ist, dass es nicht etwa klingelt und klimpert wie Dagobert Ducks Goldtaler, die umherspringen; im Gegenteil: Das dunkle, runde »ö« inmitten des Vermögens lädt zum Ruhen ein. Hier deutet sich phonetisch an, dass Vermögen mehr ist als Reichtum. Zum bloßen Besitz kommt noch eine Dimension des Behagens hinzu, während dem Wort zugleich die Obszönität des Geldes und des Sichabstrampelns fehlt, und an einer Hand lassen sich die Tage abzählen, an denen man das Vermögen mal in Hektik oder ohne Krawatte antrifft.

Natürlich kann man Vermögen auch kleinschreiben. Wenn man etwas vermag, dann kann man etwas. Der Glaube an Leistung ist von jeher im Vermögen eingepflanzt, lange bevor an Kapitalismus und den »Geist des Protestantismus« überhaupt zu denken war. So deutet das Wort als Verb an, wie ein Vermögen zustande kommt, wenn man es nicht gerade erbt: Die beste Antwort auf die Frage, wie man an ein

Millionenvermögen kommt, hat übrigens der Firmengründer Stelios Haji-Ioannou gegeben: Man muss nur ein Milliardenvermögen erben – und dann eine Fluglinie gründen.

Vom gleichermaßen distinguierten wie konservativen Auftritt des Vermögens darf man sich also nicht täuschen lassen. Dafür spricht auch, dass es einen Hang zu Metaphysik hat, womöglich ist es sogar esoterisch. Es trägt noch eine zweite Bedeutung, die sich näher am Verb hält; sie ergänzt die erste, und gäbe es das Yin-und-Yang-Prinzip als Wort – »Vermögen« hätte gute Chancen, es zu verkörpern, weil es das Materielle mit dem Immateriellen zusammenführt. Was heute »Vermögen« genannt wird, hieß früher »Schatz«, und was einst »Vermögen« war, ist heute »Fähigkeit«. Erst das Vermögen im Sinne von »Möglichkeit«, »Fähigkeit«, »Potentialität«, kurz: als Gegenteil von Unvermögen macht das Wort zum ganzheitlichen Begriff. So trudelt ein Wort durch die Zeiten, fädelt eine Bedeutung nach der anderen auf und vollbringt nebenbei das Kunststück, zugleich Lieblingsvokabel von Finanzberatern und Philosophen zu sein. Während die einen vor allem am fremden Vermögen interessiert sind, stürzt sich Vermögensberater Immanuel Kant aufs eigene – und beschreibt den Willen als »Vermögen, nach selbst gesetzten Zielen zu handeln«.

Das Erstaunlichste am Vermögen ist aber etwas anderes: Man kann es schälen wie eine Banane – und übrig bleibt das Mögen. »Wir vermögen nur das, was wir mögen«, schreibt Heidegger, und womöglich hat er recht. Das gibt dem Vermögen wieder die Legitimation, die es manchmal braucht.

56. von

»Er ist baronisiert«, giftete Johann Gottfried Herder über Goethe, als der soeben sein Adelsdiplom erhalten hatte und seinen Nachnamen fortan durch das neue Von mit seinem Vornamen verband. Wahrscheinlich war es Neid: Die Wallfahrt des Bürgers zum Adelstitel trat auch Herder an, nur später. Was wiederum zum Von nicht wirklich passte: Der Namenszusatz sollte ursprünglich den Wohnsitz anzeigen, was schwierig ist, wenn das Von auf Goethe oder Herder oder Müller verweist. Umso tragischer die Geschichte des Philipp von B., dessen Großvater das Von vertrank und, verbürgerlicht, seither von der Familie geschnitten wurde. Interessant wäre jedenfalls, welcher Müller das Von von ihm bekam und vor allem: für wie viele Schnäpse. Der eine war baronisiert, der andere alkoholisiert – und wer weiß, vielleicht war Letzterer sogar besser dran. Dafür spricht der Fall von Goethes Großvater Johann Wolfgang Textor. Der hatte, im Gegensatz zu seinem Enkel, das Von trotz prächtiger Beziehungen zum Kaiser einst abgelehnt, aus Sorge um seine Töchter. Sein Dilemma: Frisch baronisiert, wären bürgerliche Schwiegersöhne nicht mehr infrage gekommen, und für einen Von hätte die Mitgift nicht gereicht. Also blieb er bürgerlich – und brachte seine fruchtbaren Töchter erfolgreich unter die Haube.

Man kann es drehen und wenden, wie man will: Wenn der alte Textor das Von damals nicht abgelehnt hätte, seine Tochter hätte nie ihren Mann geheiratet. Was das bedeutet, wissen wir. Goethe hätte nie eine Mutter – und die Welt hätte nie einen Goethe gehabt.

57. *Wirtschaft*

Dass in der deutschen Sprache überhaupt am Wort »Wirtschaft« festgehalten wird und es nicht längst »Ökonomie« heißt, ist erstaunlich. Inzwischen steht erstens kaum ein Begriff so sehr für Internationalität und Globalisierung, weshalb man auch annehmen sollte, dass das ihn verkörpernde Wort ebenfalls international und global sein sollte. Und zweitens sind die Deutschen doch sonst nicht so zimperlich, wenn mal wieder, je nach Epoche, ein Latinisierungs- oder Anglizierungsbrecher anrollt und morsche einheimische Wörter nicht etwa gerettet, sondern im Gegenteil gut erhaltene noch extra in die Brandung gebrettert werden. Überall sonst sind die lokalen Bezeichnungen zugunsten der Ökonomie abgeschafft, es heißt »økonomi« bei den Norwegern und »ekonomiya« auf den Philippinen, nur bei uns heißt es weiter »Wirtschaftswunder« und nicht »Ökonomiewunder«, und in der Zeitung stehen die Kurse im Wirtschaftsteil, nicht im Ökonomieteil.

Dafür gibt es einen Grund. Was der »Ökonomie« fehlt, ist das Bedeutungsplus von »Wirtschaft«. Nicht umsonst gibt es die Wirtschaft, in die man geht, und jene, die Konjunktur hat, und dass tatsächlich eine innere Verbindung zwischen Gastwirtschaft und Volkswirtschaft besteht, daran hat Friedrich Merz erinnert, bevor er Aalkönig von Bad Honnef wurde: Die Steuererklärung, forderte Merz vor einigen Jahren, solle auf einen Bierdeckel passen.

Bei »Ökonomie« gibt es diesen Zusammenhang nicht. Es geht auf das griechische »oikonomia« zurück und dieses wiederum auf »oikos«, Haus: Das Inschusshalten und Einkaufen ist gemeint, das private Vorsichhinwurschteln, und dass die Kaufmannskunst oder Chrematistik – was sich sowieso eher nach Bestattungskunst anhört – aus dieser »oikonomia« herausgehalten werden sollte, haben die alten Griechen ausdrücklich betont. Denn eines bedeutete »oikonomia« mit Sicherheit nicht: Reichtum erwirtschaften über die eigenen Bedürfnisse hinaus. Das aber, der Mehrwert, steht im Mittelpunkt der Wirtschaft. Die »oikonomia« von einst hat sich in der »Ökonomie« in ihr Gegenteil verkehrt; das Wort ist durch und durch verlogen.

»Wirtschaft« ist ehrlicher. Es versucht gar nicht erst, das Bekenntnis zum eigenen Vorteil hinter dem »oikos« zu verstecken, sondern lässt als Ableitung von »Wirt« sofort an eine Gastwirtschaft denken. Was macht eine gute Wirtschaft aus? Der Wirt selbst ist sparsam. Und er animiert seine Gäste, das Geld auf den Kopf zu hauen; die Gäste haben ja am meisten davon, wenn die Wirtschaft brummt. Dass auch der Tisch, über den man gezogen wird, im Zweifelsfall im Gasthaus steht, will ich hier nicht weiter ausführen; schade ist nur, dass ein Aal nicht auf einen Bierdeckel passt.

58. Wurst

Manchmal haben Wörter unbeabsichtigte Nebenwirkungen, Wirkungen also, die über die reine Bedeutung hinausgehen. Besondere Vorsicht ist geboten, wenn es sich um ein sehr starkes Wort handelt. Man sollte es wie ein Gewürz nur äußerst sparsam verwenden, und niemals mehrmals in einem Satz. Ein solches Wort kann schnell das Empfinden anderer verletzen; »Ringelpiez« zum Beispiel klingt danach, als könne man jederzeit mit einer Ohrfeige rechnen. Und »Wurst« – das ist geradezu ein Kraftausdruck.

Es strotzt nur so vor Grobheit, so dass es eher ausgestoßen als ausgesprochen wird; es steckt keine gesittete Artikulation dahinter, sondern ein Ausbruch mit geblähten Backen, als wolle sich jemand Erleichterung verschaffen. Und wenn man es über die Lippen bringt, dann platzt es wie ein prall gefüllter Echtdarm beim Reinbeißen.

Die Exfreundin meines Wurst-Freundes W war so vornehm, dass er »Wurst« in ihrer Gegenwart nicht aussprechen durfte. Weder pur noch in Kombination mit anderen Wörtern, wie in »Thüringer Rostbratwurst« oder dem sehr viel feinfühligeren »Feinleberwurst«. Man kann nicht behaupten, er hätte es nicht versucht; er experimentierte mit zackigen »Salsichas« und mit harmlos-flapsigen »Sausages«. Allein, es half nichts. Am Ende war ihm fast der Geschmack an der Wurst selbst verleidet.

Aber wie soll man vor seiner Muttersprache flüchten? Deutschland ist mit über tausendzweihundert Wurstsorten nicht nur kulinarisch das Land der Wurst. Erstmals tauchte das Wort im frühen Mittelalter auf, einem Zeitalter, das für diese Wortschöpfung recht passend war, da überall alles derb war, schmatzte und triefte und es schon deshalb um die Wurst ging, weil sie als Preis bei ländlichen Spielen äußerst beliebt war. Seitdem gleicht der Gebrauch des Wortes der Herstellung des Gegenstandes selbst: Alles wird verwertet – so wird Wurst als Adjektiv gebraucht, etwa in der Formulierung »das ist mir wurst«; sie taucht in »rumwursteln« als Verb auf, in Hanswurst oder »Du Würstchen« als Substantiv. Durchforstet man die deutsche Sprache nach Redensarten, wird man über den Stellenwert der Wurst erstaunt sein. In anderen Sprachen ist mir bis auf »not a sausage« für »rein gar nichts« und Chruschtschows Bonmot »Der Mais ist die Wurst am Stängel« keine vergleichbare Verwurstung bekannt.

Insofern ist Gammelwurst nicht nur ein Anschlag auf die Gesundheit der Sprecher, sondern auch auf die Sprache selbst. Die Wurst hat uns Höhepunkte beschert wie Brechts Äußerung über Amerika, er fühle sich dort wie »Franz von Assisi im Aquarium, Lenin im Prater, eine Chrysantheme im Bergwerk oder eine Wurst im Treibhaus«. Das war tief gesprochen aus dem Zentrum unseres Denkens: In esoterischen Zahlensystemen, wo die innere Verwandtschaft von Begriffen anhand von Buchstabensummen behauptet wird, hat »Wurst« nämlich den gleichen numerischen Wert wie »Welt«. Hoffentlich wird am deutschen Wesen wenigstens die Wurst genesen.

59. Zeitfenster

Es gibt keine Anhaltspunkte dafür, wer die Sprache mit »Zeitfenster« ausgestattet hat. Nur kann es nicht allzu lange her sein. Denn im wichtigsten und größten Wörterbuch der deutschen Sprache, dem Grimm'schen, findet man zwar so schöne Begriffe wie »Zeitblume«, »Zeiterfüllung« oder gar »Zeitfinsternis« – und nebenbei genügend Material für die These, dass es schon immer einer der beliebtesten Zeitvertreibe gewesen sein muss, Wörter mit »Zeit« zu bilden –, aber ein »Zeitfenster« gab es im 19. Jahrhundert nicht. Komisch, auch all die Jahrhunderte zuvor ist man ohne dieses Wort ausgekommen. Wie haben die das bloß gemacht?

Heute wäre das unvorstellbar. Bahnbrechende Papiere über beispielsweise *Das subjektive Zeitfenster der Elternschaft* könnten nicht veröffentlicht werden, und auch sonst ist es gut, wenn man ein paar Synonyme für den guten alten »Zeitraum« parat hat, man trägt ja auch nicht jeden Tag dieselben Socken. Ohne Zeitfenster ist jedenfalls nichts mehr planbar. Seltsamerweise scheint es umso mehr Begriffe für Zeit zu geben, je weniger man davon hat. Merkwürdig ist auch, dass sie meistens einen architektonischen Bezug haben. Dass Raum und Zeit einst zum »Zeitraum« verknüpft worden sind, lässt noch auf eine großzügige Auffassung von Zeit schließen. In einem Raum war noch Platz für dieses und jenes, auch für jede Menge Gerümpel und Laisser-faire, danach wurde es immer enger. Aber metaphorisch baute man an der gleichen Stelle weiter: Zunächst wurde das »Zeitfenster« erfunden. Es nahm deutlich weniger Raum ein und hatte einen klar sichtbaren Rahmen. Aber auch der schien noch viel zu großzügig bemessen zu sein. Eine neue Variation des »Zeitfensters« ist nun die »Zeitluke«, wozu auch immer man sie braucht. Sie hatte ihre Premiere in einem Interview mit dem großen alten Mann der Soziologie, Ralf Dahrendorf, der gefragt wurde: »Welche Chancen gaben Sie 1945 dem neuen Deutschland? Und wie haben Sie es sich vorgestellt, in dieser Zeitluke um den 8. Mai?«

Kürzlich nun hörte ich am Telefon: »Frau Scholz ist immer zwischen acht und zwölf Uhr im Haus. Rufen Sie doch mal in diesem Zeitkorridor an.« Ein Korridor ist eng. Während das »Zeitfenster« wenigstens eine Aussicht bietet und sogar die Luke noch ein bisschen Licht hereinlässt, ist es im Korridor finster. Man zwängt sich hindurch. Und wenn man Glück hat und sich nicht auf den Zeitdachboden, in den Zeitkeller oder in eines der unzähligen Zeittürmchen verirrt, erwischt man im Dunkeln womöglich eben noch Frau Scholz, die sich gerade – es ist zwölf Uhr und endlich Feierabend – von dannen schleichen will.

60. zwar

Viele Wörter haben einen Hang zur Zweisamkeit. Das heißt noch lange nicht, dass sie unzertrennlich wie ein Papageienpärchen wären und immer bei einem Wort verblieben; sie haben wechselnde Partner, stürzen sich auch mal allein ins Satzgetümmel, kehren aber über kurz oder lang zu einem bestimmten Wort zurück. Zu einem dieser Paare gehört das Gespann »wenn – dann«, das einigermaßen gleichberechtigt ist, während zum Beispiel »je – mehr« eine Dreiecksbeziehung mit »desto« unterhält; ähnlich geht es bei »sowohl – als – auch« zu, wobei sich das »sowohl« in eine bedenkliche Abhängigkeit von sowohl dem »als« als auch dem »auch« begeben hat.

Das Unglück des Zwar ist es, dass es meistens im Schatten des Aber steht. Im Zwar steckt die indogermanische Wurzel »uer«, die bedeutet, dass man eine Gunst oder Freundlichkeit erweist; ein Wortfossil, dessen Nachfahren sich auch im lateinischen »verus« und im deutschen »wahr« finden. In Wirklichkeit, will uns die Sprache also versichern, versucht das Zwar uns einen Gefallen zu tun, bevor das Aber alles an sich reißt.

Der ungleiche Partner schickt das Zwar vor und lenkt dann alle Aufmerksamkeit auf sich – das Zwar leitet den Satz zwar ein, aber dann kommt das Aber und verweist auf den inhaltlich entscheidenden Teil des Satzes. Es ist die bessere Hälfte, die sich auch allein in fremde Sätze traut: In der Rangliste der am häufigsten verwendeten Wörter in deutschsprachigen Zeitungen steht das Aber auf Platz zweiundfünfzig, während das Zwar (hinter Wörtern wie »Menschen«, »Deutschland«, »Frau«) es nur auf Platz zweihundertsiebzehn geschafft hat (immerhin noch vor »Januar«, »arbeiten«, »Mann«).

Und so scheint das Schicksal des Zwar besiegelt zu sein: Es ist die Lieblingsvokabel aller Bedenkenträger, begehrt leider nur als Adverb und Konjunktion aller wohlwollenden Zugeständnisse und zaghaften Einwände. Das macht es auf den ersten Blick unsympathisch. Dabei ist Zwar, wenn man es endlich einmal isoliert und vor sich her sagt, die Konjunktion, die am meisten auffällt. Das Wort zischt und knarzt, und in der Mitte thront ein dunkler Vokal. Verglichen mit anderen Wörtern der deutschen Sprache wirkt es exotisch wie eine Riesenmuschel am Ostseestrand.

Vielleicht sollte das Zwar öfter das Aber abschütteln und mit dem Und liebäugeln. Denn ein Satzteil, der mit »und zwar« beginnt, läutet meist etwas Neues ein, wie E. T. A. Hoffmanns Geschichte *Die Irrungen* zeigt: Als der Baron von S. in der Brieftasche einer schönen Unbekannten ein beschriftetes Fläschchen mit Rosenöl findet, vermutet er darauf ihren Namen, »und zwar: Σχνουεσπελπολδ«.

In der Tat, es ist ihr Name. Nur gleicht er eher dem Ostseestrand – die griechische Buchstabenfolge steht für »Schnüspelpold«.

61. Zweifel

Die Sprache ist eine Truhe, aus den Buchstaben des Alphabets gezimmert, und sobald man sie aufmacht, kann man nur staunen. Sie enthält alles bisher Gedachte und alles bisher noch nicht Gedachte, als Möglichkeit nämlich, und wenn man noch all die unsinnigen (aber doch möglichen) Buchstabenfolgen wie »fglöps«, »gruPür« oder »TeilnehmerInnen« hinzunimmt, kommt man – analog zu den Berechnungen des großen Jorge Luis Borges in der Erzählung *Die Bibliothek von Babel* – auf einen Truhendurchmesser von etwa 10^{600000} Metern. Das für uns sichtbare Universum hat bei einer Größe von 10^{26} Metern locker darin Platz.

Aber das ist noch nicht alles. Nimmt man jedes Wort für sich, kommt auch dort en miniature ein ganzes Universum zum Vorschein, denn jedes Wort trägt das Wissen und die Wahrheit darüber, was es ist und was es meint, in sich selbst: jedes Wort eine neue Truhe, eine andere Geschichte. Klappt man den »Zweifel« auf, erkennt man darin deutlich eine Zahl: Im Zweifel steckt das Drama von der Zwei.

Auf der sprachlichen Ebene beginnt die Geschichte vor Jahrtausenden in Asien, bei einem Adjektiv, das im Altindischen »dvayá« oder so ähnlich gelautet haben muss, ein uraltes Wort für »zwei« und für »doppelt«. Aus dieser vorgermanischen Wurzel sprießt später ein anderes Wort, das althochdeutsche »zwîfal«, dem man den heutigen »Zweifel« schon deutlich anmerkt. Die »zwei« nun offenbart das Wesen des Zweifels. Zweifeln kann man nur, wenn es verschiedene Möglichkeiten gibt, also mindestens zwei; zweifeln kann nur, wer die Wahl hat. Wer zweifelt, ist frei. Ob einem aber so viel Freiheit guttut, das fragt sich jeder, der schon mal eine halbe Stunde vor dem Supermarktregal verbracht hat: Vollmilch oder Zartbitter? Mit Erdnüssen oder ohne? Und wenn die Entscheidung gefällt ist, geht es erst richtig los: War sie gut oder nicht? In der Zwei spiegeln sich die Dualität und das Dilemma der Welt; das Tagnacht, Helldunkel, Liebehass, Obenunten, Fraumann, Redenschweigen, Silbergold, Dingdong. Als weltlichste aller Zahlen ist die Zwei nicht nur Nachfolgerin: Sie ist der Gegensatz zur Eins. Während die Eins das Ungeteilte, der Ursprung, das Paradies, vielleicht sogar so etwas wie die heilige Langeweile ist, erzählt die Zwei vom Sündenfall, denn dass der Zweifel erst mit der Erkenntnis und dem weltlichen Möglichkeitsallerlei kam, liegt auf der Hand. Das Böse braucht nur abzuwarten: Im Labyrinth der tausend Fragen verdichtet sich der Zweifel zur Verzweiflung. Sie ist eine von Verwesungsgasen aufgeblähte Zwei, die immer weiter von der göttlichen Eins wegtreibt. Deshalb gilt als die schwere Sünde des Judas die Verzweiflung, nicht der Verrat.

Den modernen, Zweifel generierenden Produkthöllen ist daher auch in spiritueller Hinsicht eindeutig ein Regal mit, sagen wir, nur Senfgurken vorzuziehen. Das war das Schöne am Sozialismus. Mit seinen eintönigen Supermärkten war er ganz nah dran, nun ja: am Paradies.

Register

Dank

an alle, die dieses Buch möglich gemacht haben, besonders meinen Eltern für meine ersten Wörter, Volker Weidermann für seine stete Unterstützung, Kritik und Wurstbegeisterung, Francisco Fleury für eine nächtliche Autofahrt und das misterio das palavras, Angelika Rheinländer für eigentlich, Olaf Petersenn für das Geheimnis des Beinhaltens, Carmen Stephan für rauschende Zeitfenster, Alexis von Wittgenstein für seine Parallelen mit Daniel Küblböck, Regina Hartig für Geduld und Lektorat, Boris Adamovich für entsetzliche Schönheit, Carl-Christian von Plettenberg für intime Loriot-Kenntnisse, Claudius Seidl für gelegentliches Showredigieren, Peter Körte für seine Nähe zum Weltgeist. Und M und L dafür, dass ihre Namen meine Lieblingswörter sind.

Gustav Lübbe Verlag in der Verlagsgruppe Lübbe

Originalausgabe

Lektorat: Regina Maria Hartig
Satz: Dörlemann Satz, Lemförde
Gesetzt aus der Berkeley
Druck und Einband: CPI – Ebner & Spiegel, Ulm

Printed in Germany
ISBN 978-3-7857-2332-6

5 4 3 2 1

Sie finden uns im Internet unter: www.luebbe.de
Bitte beachten Sie auch: www.lesejury.de